DESCRIPTION HISTORIQUE

DE

L'ÉGLISE CATHÉDRALE

DE NOTRE-DAME

DE CHARTRES.

CET OUVRAGE SE TROUVE AUSSI

A PARIS, { chez le Concierge des tours de l'Eglise métropolitaine.
{ chez CORBET aîné, libraire, quai des Augustins, nº 61.

A CHARTRES, chez le Concierge de l'Eglise cathédrale.

A DREUX, chez AUDIGER, libraire, rue Saint-Pierre.

A CHATEAUDUN, chez LECESNE, imprimeur-libraire.

A NOGENT-LE-ROTROU, chez HUBERT RICHARD, libraire.

Paris, de l'Imprimerie de A. Bobée,
rue de la Tabletterie, nº 9

Vue de la Cathédrale de Chartres.

Publiée par Garnier Allabre, Libraire, Place des Halles N°17. à Chartres.

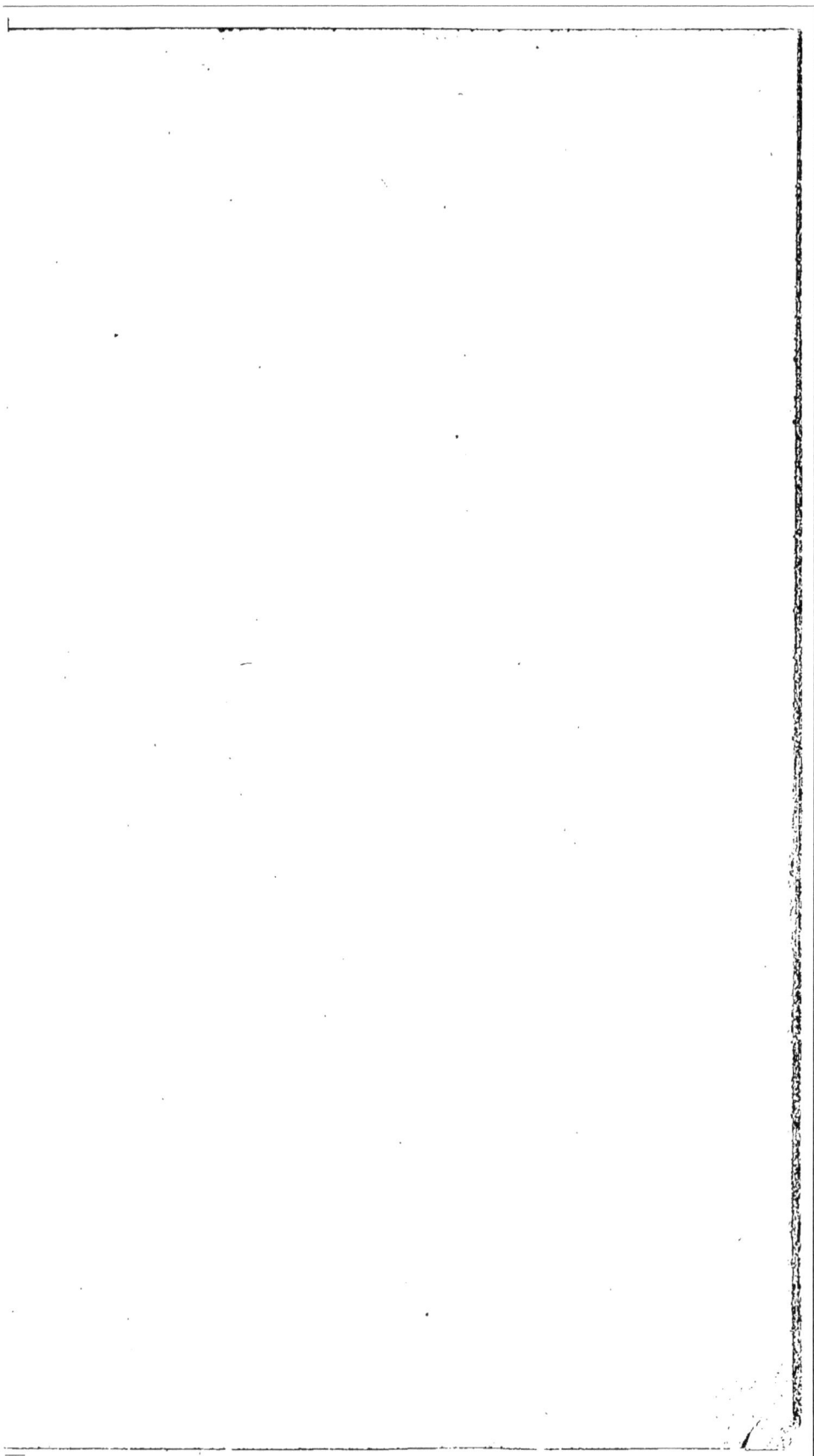

DESCRIPTION HISTORIQUE

DE

L'ÉGLISE CATHÉDRALE

DE NOTRE-DAME

DE CHARTRES.

NOUVELLE ÉDITION,
CONSIDÉRABLEMENT AUGMENTÉE, ET ORNÉE DE GRAVURES.

PAR A. P. M. GILBERT.

A CHARTRES,

CHEZ GARNIER-ALLABRE, LIBRAIRE,
PLACE DU MARCHÉ AU BLÉ, N° 17.

1824.

A SA GRANDEUR,

MONSEIGNEUR

CLAUSEL DE MONTALS,

ÉVÊQUE DE CHARTRES,

AUMONIER DE MADAME LA DAUPHINE.

———◦◦◦———

*M*ONSEIGNEUR,

Après une longue viduité, l'Eglise de Chartres, si célèbre dans les annales de la chrétienté, avoit repris son rang parmi les évéchés de France ; elle se félicitoit d'avoir pour pasteur, un Prélat digne héritier des vertus de tant d'illustres Evéques, lorsque la divine Providence appela Monseigneur de Latil au siége archiépiscopal de Reims.

L'heureux avénement de Votre Grandeur à l'Evéché de Chartres, est venu calmer les regrets du troupeau

a *

qui lui étoit confié. Pouvois-je choisir, *Monseigneur*, une circonstance plus favorable pour faire paroître, sous vos auspices, la description de cette vénérable basilique, que nous devons à *M. Gilbert*, auteur de la Description de l'Eglise métropolitaine de Paris. *En honorant cet ouvrage de votre suffrage, c'est en assurer le succès, et offrir à l'auteur la récompense la plus flatteuse de ses travaux.*

Quelle douce satisfaction pour moi, de voir votre nom, Monseigneur, décorer le titre d'un ouvrage qui manquoit depuis longtemps ! Quelle glorieuse destination il peut recevoir encore d'un Prélat qui, à l'exemple de ses illustres prédécesseurs, se montre le protecteur zélé des sciences, des lettres et des arts !

Daignez, Monseigneur, agréer l'hommage de ma reconnoissance, et permettez-moi de me dire avec respect,

DE VOTRE GRANDEUR,

Le très humble et très obéissant serviteur,

GARNIER-ALLABRE,
Editeur.

TABLE

DES ARTICLES CONTENUS DANS L'OUVRAGE.

	Page
DÉDICACE.	
AVANT-PROPOS.	ix
Origine et construction de l'Eglise de Chartres	I
EXTÉRIEUR DE L'ÉGLISE.	18
Façade principale	ibid.
Façade méridionale.	39
Façade septentrionale	47
INTÉRIEUR DE L'ÉGLISE	55
Explication des sujets peints sur les vitres de la partie supérieure de l'église.	62
Fenêtres de la façade principale	ibid.
Fenêtres du côté septentrional, depuis le clocher-neuf.	63
Fenêtres de la croisée septentrionale	64
Fenêtres du chœur	67
Croisée méridionale.	74
Côté méridional de la nef	77
Explication des sujets peints sur les vitres des bas-côtés et des chapelles	78
Chapelles.	88
Explication des bas-reliefs de la clôture du chœur.	95
Chœur	102
Sacristie	111
Chapelle de Saint-Piat	119
Chapelle de Saint-Jérôme	120
Eglise souterraine.	121

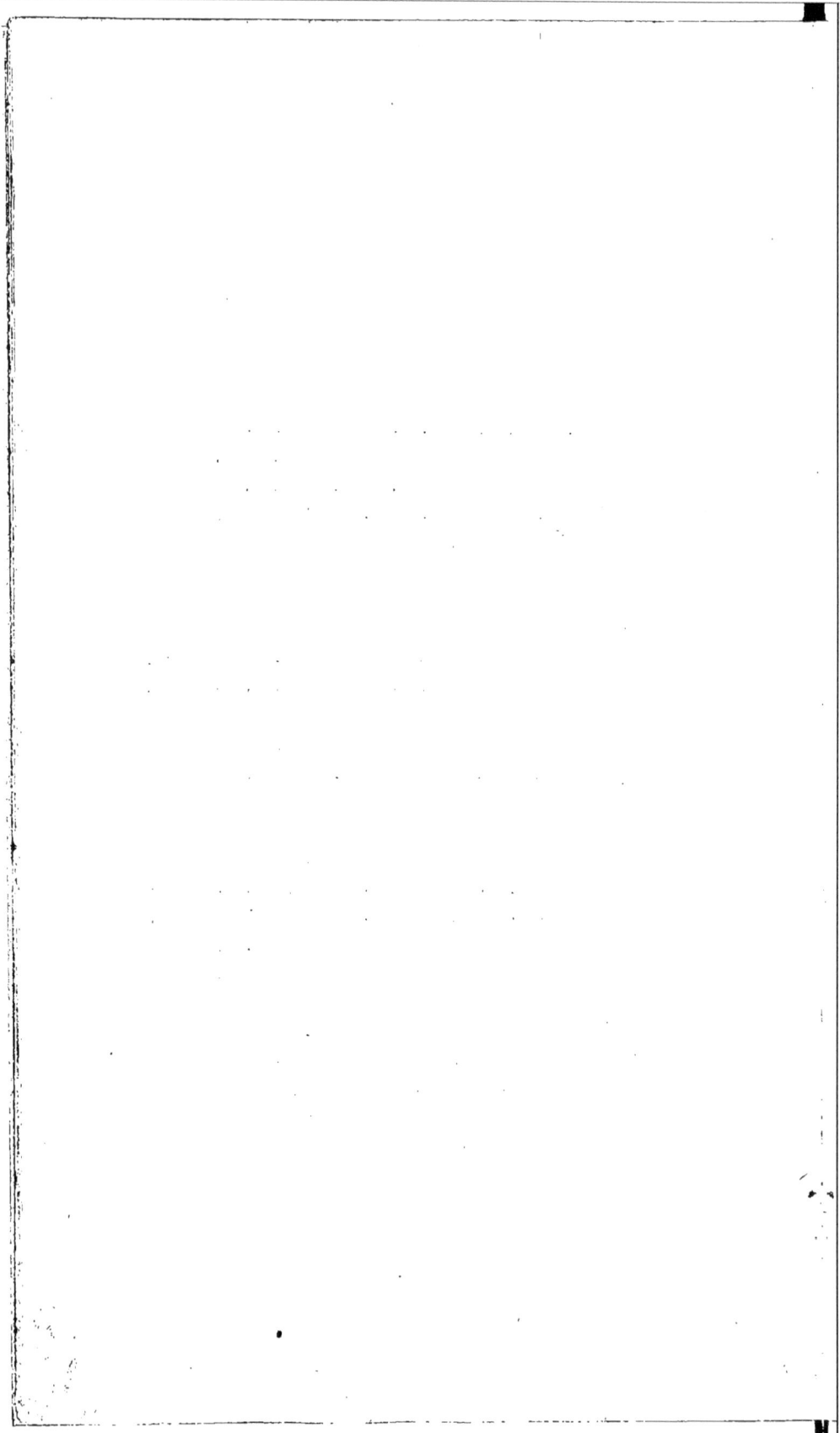

AVANT-PROPOS.

Un voyage fait à Chartres en 1811, m'offrit l'occasion d'examiner dans tous ses détails la magnifique cathédrale de cette ville, vaste édifice gothique, et l'un des temples les plus estimés de ce genre d'architecture, qui existe en France. Surpris de ne point y trouver, ainsi que dans toutes les villes d'Italie, une notice qui pût servir de guide aux amateurs, dans l'examen de ce monument, je recueillis tous les détails susceptibles de piquer la curiosité, et je publiai en 1812, la *Notice historique et descriptive de l'Eglise de Notre-Dame de Chartres*, qui fut insérée dans le *Magasin Encyclopédique* [1], et tirée à part à un grand nombre d'exemplaires. L'édition étant épuisée depuis plusieurs années, j'ai fait de nouvelles recherches et un second voyage à Chartres, qui m'ont mis à même de donner plus de développement à cette Description, et d'offrir une multitude de faits et de détails intéressants sur cet antique monument, très superficiellement décrit par les historiens de cette

---

[1] Numéros de juin et juillet 1812.

ville, qui se sont rarement arrêtés sur ce qui pouvoit satisfaire la curiosité des amateurs des arts. Pour remplir cette lacune et suppléer à leur insuffisance, j'ai présenté dans un précis historique, l'origine et la fondation de cette basilique, ses accroissements progressifs, et les divers événements qui en ont plusieurs fois opéré la ruine et la restauration. La seconde partie contient une description très détaillée de cet édifice dans son état ancien et moderne, avec des observations sur son architecture, et l'explication des statues, des bas-reliefs, et des magnifiques vitraux peints dont il est décoré.

Mais de quelle patience il faut être doué, pour lire de vieux historiens tels que Sébastien Roulliard [1] et Vincent Sablon son indigeste abréviateur, dont la crédulité, l'érudition fatigante, l'abondance stérile et le style suranné, dégoûtent le plus intrépide lecteur. Je suis loin de porter un pareil jugement sur deux auteurs modernes, MM. Doyen et Chevard; leurs annales de Chartres [2] sont remplies de faits

[1] *Parthénie, ov Histoire de la très-avguste et très-dévote Eglise de Chartres ; dédiée par les vievx Drvides, en l'honneur de la Vierge qui enfanteroit, etc., par* Mᶜ Sébastien Rovlliard *de Melvn, aduocat en Parlement.* Paris, 1609, in-8° de 1088 pages.

[2] *Histoire de la Ville de Chartres*, etc., par Doyen.

curieux, classés avec ordre et recommandables par une critique judicieuse. Les travaux de ces deux historiens, qu'ils auroient pu rendre encore plus intéressants, m'ont fourni d'utiles renseignements, ainsi que l'*Histoire manuscrite* de cette ville, par J. B. Souchet, chanoine de la cathédrale.

Plus les églises sont anciennes, plus elles inspirent de vénération, parce qu'elles semblent nous replacer au temps où la Religion étoit à son berceau. L'imagination croit voir encore leurs murs teints du sang des martyrs qui ont cimenté le Christianisme par leur généreux dévouement.

En suivant l'opinion déjà émise sur l'architecture du moyen-âge, on pourroit considérer nos vastes basiliques comme une ingénieuse imitation des immenses berceaux de verdure formés par d'antiques forêts, sous lesquelles les Druides offroient leurs sacrifices à Dieu, où ils instruisoient les peuples, et dont les maximes s'imprimoient dans les cœurs, où la tradition seule les conservoit. Cette considération s'appliqueroit principalement à l'origine de l'église de Chartres, que la tradition fait remonter au temps des Druides; mais il faut l'avouer, à la

Chartres, 1786, 2 vol. in-8°. — *Histoire de Chartres et de l'ancien pays Chartrain*, etc., par V. CHEVARD, maire de Chartres. 1802, 2 vol. in-8°.

première époque de l'architecture du moyen-
âge, ces imitations paroissoient si informes,
qu'il étoit difficile d'en reconnoître la véritable
source : toutefois, il est évident que les plus anciennes constructions qui ont survécu aux ravages du temps, attestent encore que les architectes du moyen-âge ne furent eux-mêmes que
des compilateurs de l'architecture antique dé-
générée.

Je n'ai rien épargné pour donner à cet ouvrage tout l'intérêt dont il paroissoit suscep-
tible. Le lecteur avide de connoître jusqu'aux
moindres détails de cet édifice, s'apercevra
que mon but a été de réunir dans sa description, tout ce qui pouvoit satisfaire la curiosité.

La célébrité de ce monument, les pieux souvenirs qu'il rappelle, les détails de son architecture imposante, l'élégance et le caractère ori-
ginal de ses portiques latéraux, la richesse des
sculptures qui le décorent, et la magnificence
de ses vitraux peints ; tout se réunit pour appe-
ler, sur cette superbe basilique, l'attention de
l'archéologue, de l'artiste, et de l'amateur des
arts.

DESCRIPTION HISTORIQUE

DE

L'ÉGLISE CATHÉDRALE

DE CHARTRES.

MALGRÉ les nombreux ravages commis à la suite des événements de 1789, la France moins connue que beaucoup de contrées lointaines, possède encore une multitude de monuments du moyen-âge, aussi remarquables par leurs grandes dimensions, que par le caractère et la richesse de leur architecture. Ces monuments élevés par la piété de nos rois, des seigneurs particuliers, des évêques et des fidèles en général, ont été heureusement préservés de la destruction, par le zèle et la bienveillance de plusieurs citoyens de chaque ville, qui se sont intéressés à leur conservation. De ce nombre est l'église cathédrale de Chartres, l'un des temples les plus vastes et les plus imposants que l'architecture ait produits dans le moyen-âge.

L'étude des monuments de cette période, est une école aussi utile pour l'histoire de l'art, que pour celle

1

de nos mœurs et de nos usages. Elle nous apprend
des faits intéressants que nous chercherions en vain
dans les écrits du temps. A cette époque reculée où
les sciences et les arts étoient en quelque sorte relé-
gués dans les cloîtres, on n'avoit guère que le secours des pierres et des marbres pour transmettre à
la postérité, les faits qui pouvoient l'intéresser ou
l'instruire. C'est sur les murs des édifices religieux
que le peuple, tant des villes que des campagnes,
apprenoit à connoître les mystères de la Religion.
Des tableaux peints sur verre ou sculptés sur la
pierre, parloient continuellement à ses yeux, et
gravoient profondément dans sa mémoire les pré-
ceptes qu'il recevoit de la bouche de ses ministres.
En plaçant sous les yeux des fidèles, des traits de
l'histoire sainte ou de l'histoire civile, on vouloit
rendre plus sensibles les vérités de la Religion ou
les principes de la morale. Tel a été le but des différents architectes qui ont dirigé la construction des
temples improprement appelés *gothiques*, et spécialement de celui de la cathédrale de Chartres,
dont toutes les sculptures et les peintures sur verre,
attestent la simplicité des siècles qui les ont pro-
duites, en même temps qu'elles présentent par la
variété des formes, l'état de l'art, aux différentes
époques qui ont précédé sa renaissance.

L'origine des temples consacrés à la divinité,
justifie le zèle et la persévérance des premiers pas-
teurs pour la propagation de la Foi. Cette origine
toujours enveloppée d'un voile mystérieux, exige

un examen particulier dans celle de l'église de Chartres.

Toutes les traditions s'accordent à placer dans le pays des *Carnutes* ou des Chartrains, aujourd'hui le département d'Eure-et-Loir, la résidence habituelle des anciens chefs des Druides ou prêtres Gaulois. C'est dans cette contrée, qu'ils avoient établi l'un de leurs principaux collèges; là se trouvoit aussi le sanctuaire consacré à l'exercice de leur culte; ils y célébroient à la renaissance de l'année, la cérémonie du *Gui-de-Chêne* [1] qu'ils alloient détacher avec une serpette d'or pour le distribuer en forme d'étrennes. [2]

Les Druides dont la doctrine n'est pas parfaitement connue, étoient tout à la fois, les prêtres, les philosophes, les littérateurs et les médecins des anciens Gaulois-Celtes. Ils avoient pour principe de ne rien écrire; c'étoit chez eux une loi fondamentale de ne point révéler les mystères de leur système religieux. Ces ministres les déroboient à la con-

---

[1] *Le gui* est une plante parasite qui croît sur le chêne, et dont la propriété médicale étoit considérée comme l'un des moyens curatifs de la médecine des Gaulois.

[2] C'est, dit-on, delà qu'est venue la coutume des habitans du Perche, de nommer les présens que l'on se fait encore à pareil jour, les *Eguilas*, et le peuple chartrain *Eguilables*, pour signifier le *Gui-de-l'an-neuf.* Voy. *Discours sur la nature et les dogmes de la Religion gauloise,* par CHINIAC DE LA BASTIDE, etc. Paris, 1769, page 30.

noissance du vulgaire, en les enveloppant sous des fables, sur lesquelles ils fondoient les pratiques puériles, superstitieuses ou même barbares de leur culte. Enfin ils réunissoient tout ce qui peut tendre à affermir l'autorité, et à subjuguer les hommes par la crainte et l'espérance.

Les premiers établissements ecclésiastiques ont presque tous été placés dans les lieux où les Druides avoient coutume de vaquer à l'exercice de leur culte : voilà, sans doute, ce qui a donné lieu de croire que la cathédrale de Chartres, dont la construction primitive remonte à l'établissement du christianisme dans les Gaules, avoit été bâtie sur l'emplacement d'un ancien temple de Druides. Cette assertion ne seroit pas assez convaincante, quand même l'on ignoreroit que c'étoit sous l'ombrage des plus épaisses forêts, que les Druides se livroient à la prière et à la contemplation : ils n'avoient point d'autres temples, et croyoient que d'en élever un, c'eut été renfermer la divinité qui ne peut être circonscrite.

Plusieurs anciens manuscrits attestent qu'il existoit à Chartres un bocage sacré et une grotte sur le sommet de la montagne sur laquelle a été érigée l'église principale [1], et que les Druides ayant

---

[1] On sait que les pierres consacrées aux faux dieux, les premiers autels, les premiers temples, furent généralement érigés sur des hauteurs. Dans les siècles d'ignorance, l'homme considérant les sommets des montagnes comme des points intermé-

appris par une révélation particulière qu'une vierge enfanteroit pour le salut du monde, y établirent un culte en son honneur, et lui élevèrent un autel au-dessus duquel fut placée l'image de la mère du Sauveur, tenant son fils sur ses genoux, avec cette inscription : VIRGINI PARITURÆ [1]. Sans entrer dans plus de détails sur ce fait apocryphe, qui a donné lieu à de longues et fastidieuses dissertations [2], il

---

diaires entre la terre et le ciel, crut, en s'élevant, s'approcher de la Divinité ; et par une conséquence naturelle, de simples éminences furent, dans des pays peu montueux, les lieux de prédilection pour l'érection des monuments religieux.

[1] La ville de Chartres ne fut d'abord composée que de simples grottes, de cavernes, de souterrains creusés et pratiqués sans art dans le flanc de la montagne, au sommet de laquelle étoit un bocage consacré aux cérémonies du culte druidique. Ce furent ces nombreuses excavations, dont la plupart subsistent encore dans les quartiers bâtis vers le haut et sur le penchant de la colline, entre le nord et le sud, qui servirent de retraite et d'asile aux premiers habitants, et qui, selon toute apparence, ont donné le nom à cette ancienne capitale du pays chartrain. La grotte destinée au culte druidique fut, dit-on, conservée lors de la construction du temple actuel, et comprise dans le plan de l'église souterraine ; c'est dans l'excavation qu'elle formoit, que Fulbert, évêque de Chartres, restaurateur de ce temple au commencement du onzième siècle, avoit fait construire la chapelle de la Vierge, qui a été supprimée à l'époque de la Révolution. Voyez *Histoire de Chartres et de l'ancien pays Chartrain*, par M. CHEVARD. Chartres, 1802. 2 vol. in-8°, tome I, pages 9, 10 et 49.

[2] *L'Histoire chartraine, contenant les antiquités de Chartres, ensemble les antiquités de l'ancien temple et supperbe édifice de*

suffit de dire qu'on peut considérer comme une chose certaine que saint Savinien et saint Poten-tien, fondateurs de l'église métropolitaine de Sens, vinrent à Chartres, et que saint Aventin leur dis-ciple, qu'on reconnoît pour le premier évêque de cette ville, y jeta les fondements de la première église, vers la fin du troisième siècle.

La persécution qu'éprouva cette église naissante, sous la domination romaine, fit un grand nombre de victimes : plusieurs furent précipitées dans un puits vulgairement appelé le *Puits des saints Forts*, en mémoire du généreux dévouement des premiers chrétiens.

Cependant l'exercice public de la Religion chré-tienne ayant été autorisé en 313, par l'empereur Constantin, les Chartrains nouvellement convertis, qui s'étoient rassemblés jusqu'alors dans des lieux secrets pour éviter la persécution, s'empressèrent conjointement avec leur évêque, d'élever un temple à la divinité, sur l'emplacement de celui que nous voyons aujourd'hui. [1]

-----

l'église de Nostre-Dame d'icelle ville, les souverains des Char-trains tant au spirituel qu'au temporel, et tout ce qui concerne ce qui est advenu depuis leur origine jusqu'à nostre temps ; par Du Parc. Ce manuscrit, coté 10,394, est conservé à la Biblio-thèque du Roi, parmi ceux d'Antoine Lancelot. C'est d'après ce manuscrit que l'avocat Roulliard a composé sa *Parthénie*. Pintard, *Histoire chronologique de la ville de Chartres.* Manus-crit conservé à Chartres.

[1] La forme des premières basiliques chrétiennes étoit simple

Cette première basilique de Chartres dont on ignore la forme et l'étendue, subit le sort commun à la plupart des édifices religieux de cet âge; elle fut incendiée vers l'année 858, par les Normands, qui entrèrent dans la ville, sous le prétexte d'y recevoir le baptême et de rendre les honneurs de la sépulture à Hastings leur chef, qu'ils supposèrent mort, et mirent tout à feu et à sang.

Ayant été réparée par l'évêque Gislebert, cette église fut encore incendiée en 962 ou 973, pendant la guerre entre Thibaud-le-*Tricheur* comte de Chartres, et Richard duc de Normandie. Enfin en l'année 1020, le 7 septembre, veille de la nativité

---

et n'offroit dans son plan qu'un parallélogramme ou carré long, divisé par deux rangs de colonnes en trois espaces, dont celui du milieu servoit de nef. La plus ancienne église de Chartres, construite sur le modèle de ces basiliques, étoit située dans le quartier de la Porte-Châtelet, derrière l'auberge de *l'Ecritoire*, où se trouvoit l'ancienne et première habitation de l'évêque. Cette église, connue dans les derniers temps sous le titre de la chapelle de *Sainte-Mesme*, nom qu'elle a communiqué à la rue qui aboutit à la Porte-Châtelet, a subsisté jusqu'en juillet 1786, qu'elle s'écroula de vétusté. Au-dessus de cette chapelle, il existoit jadis des dortoirs et un réfectoire communs pour les prêtres qui la desservoient. De vastes souterrains très-bien voûtés subsistent encore sous la maison de feu M. Crochart, attenante à cette chapelle; cette maison dépendoit originairement du chapitre de Chartres. *Notice sur l'Origine et la Description de l'Eglise de Chartres*, par M. CHEVARD, insérée dans *l'Annuaire statistique du département d'Eure-et-Loir*, année 1807, page 221.

de la vierge, un incendie dont on ignore la cause, et qu'on présume avoir été occasionné par le feu du ciel, embrâsa en très peu de temps presque toute la ville, sans épargner la cathédrale : il y a apparence qu'alors elle n'étoit construite qu'en bois [1]. Ce troisième incendie arriva sous l'épiscopat de Fulbert. Le premier soin de ce prélat fut d'écrire au roi de France, aux autres souverains de l'Europe, aux princes et seigneurs du royaume, pour les engager à coopérer par leurs bienfaits, à la reconstruction de la ville et de son église. Il commença par donner l'exemple, en employant trois années de ses revenus, et de ceux de la manse capitulaire. La grande réputation dont Fulbert jouissoit à la cour de France, et même dans l'Europe chrétienne, ainsi que la dévotion particulière que tous les peuples avoient pour l'église de Chartres, permirent à ce prélat et à ses successeurs, d'exécuter sur un plan aussi vaste, un édifice qui par son

---

[1] Beaucoup d'églises construites dans les sixième, septième et huitième siècles, étoient en bois, suivant la manière ordinaire de bâtir. On enfonçoit en terre de très grands troncs d'arbres sciés par le milieu, en sorte que le côté brut étoit en dehors. Ces troncs, d'une égale hauteur, se plaçoient à peu de distance les uns des autres ; on en formoit un tout en remplissant les intervalles de terre ou de mortier. Au dessus étoit un toit couvert de chaume. Ce fut de cette manière que Clovis I fit bâtir l'église cathédrale de Strasbourg, vers le commencement du sixième siècle. GRANDIDIER, *Essais historiques sur la Cathédrale de Strasbourg*, 1782, liv. I, page 7.

ordonnance et la difficulté du travail des pierres que l'on y a employées, a dû coûter des sommes immenses [1].

Un grand nombre de personnages de la plus haute distinction, tant de la France que des pays étrangers, contribuèrent au rétablissement de cette église. Les rois de France, d'Angleterre, de Danemarck; le comte Eudes de Chartres; Richard, duc de Normandie; Guillaume, duc d'Aquitaine, et beaucoup d'autres seigneurs fournirent des sommes considérables.

A leur exemple les bourgeois, les marchands, les artisans de la ville, enfin tous les habitants du pays Chartrain et des lieux circonvoisins, y contribuèrent suivant leurs moyens; ceux-ci par leurs cotisations, ceux-là par leurs travaux manuels, ou par des fournitures de matériaux et de vivres pour les ouvriers. Les vitraux de cette église sont décorés des emblêmes et des attributs de ceux qui contribuèrent à son rétablissement. On y remarque une quantité d'écussons armoriés et autres signes : chaque communauté d'artisans y est caractérisée par les marques distinctives de sa profession.

---

[1] La pierre employée à la construction de la cathédrale de Chartres fut tirée des carrières de Berchères, village situé sur la route de Chartres à Orléans. Cette pierre, de nature calcaire, est très dure et reçoit le poli du marbre, mais elle présente des cavités, et le banc n'en est pas fort épais. La carrière de Berchères est la seule qui fournit la ville. DOYEN, *Histoire de la ville de Chartres*, etc. 1786, 2 vol. in-8°, tome I, page 326.

On apprendra sans doute avec intérêt jusqu'à quel point se portoient, dans ces grandes entreprises, la ferveur et la persévérance des fidèles. Hugues, archevêque de Rouen, écrivoit en 1145 à Thierry, évêque d'Amiens, qu'on avoit vu depuis peu à Chartres, des hommes de diverses professions se livrer avec zèle aux travaux les plus pénibles, tirer eux-mêmes les chariots et toutes les voitures nécessaires au transport des matériaux, pour la construction de la cathédrale. Plusieurs habitants de Rouen, munis de la bénédiction de l'archevêque de cette ville, avoient été à Chartres augmenter le nombre des travailleurs, et à leur exemple les peuples des autres diocèses de la Normandie. Ces voyages et ces travaux s'entreprenoient dans de saintes dispositions. Les fidèles ne partoient point sans s'être confessés ni réconciliés; ainsi les procès étoient alors assoupis. La troupe des pélerins se créoit un chef qui, lorsqu'elle étoit arrivée à Chartres, distribuoit à chacun l'emploi qu'il devoit exercer, pour coopérer à la construction de cet édifice; ce qui édifioit encore, c'est que ces travaux s'exécutoient avec recueillement, et que ceux qui étoient partis malades (ajoute la lettre de l'archevêque de Rouen) s'en retournoient guéris. Il paroît que ces travaux ne se faisoient que dans la belle saison; pendant la nuit on mettoit des cierges sur les chariots placés autour de l'église, et l'on veilloit en chantant des hymnes et des cantiques [1].

(1) LE BEUF, *Remarques* sur le tome VI des *Annales Béné-*

Avec de tels secours et un si grand nombre de travailleurs, la plupart guidés par le zèle d'une piété ardente, il étoit probable que ce superbe monument ne devoit pas tarder à être promptement achevé. Cependant on ne sauroit se dissimuler, malgré ce qu'en disent les chroniques et plusieurs historiens de la ville et de l'église de Chartres [1], que la construction de ce temple, telle qu'on le voit maintenant, n'a p'être l'ouvrage de huit années; ce qui paroîtra incroyable, et même impossible, si l'on considère l'immensité et les difficultés insurmontables de cette bâtisse, à laquelle on travailloit encore vers le milieu du douzième siècle, d'après le témoignage de l'écrivain contemporain cité plus haut. Il faut ajouter à cela, qu'indépendamment de l'église, il falloit rebâtir la ville, et que rien n'étoit plus urgent que de donner le couvert aux habitants. Aussi, est-il certain qu'elle ne fut point achevée du

---

dictines de dom Mabillon, publié par dom Martenne; Mercure de France, juin 1739, page 1290.

[1] *Chroniques de Chartres* Mss. Poème des *Miracles de la Vierge*, écrit vers 1020 ou 1030, et traduit en vers français en 1262, par Me Jehan le Marchand, chanoine de Chartres. *Parthénie, ou Histoire de la très-auguste et très-dévote Eglise de Chartres*, etc., par Me Sébastien Rovlliard; première partie, page 129. *Histoire de l'auguste et vénérable Eglise de Chartres*, etc., par Vincent Sablon, Chartrain; 1671. Ce dernier ouvrage, qui n'est autre chose qu'un mauvais abrégé de la *Parthénie*, a eu plusieurs éditions.

temps de Fulbert, qui décéda le 10 avril 1029 [1].

Le nécrologe, à la date des ides d'avril, porte que ce prélat laissa par son testament une forte somme en or et en argent, pour la reconstruction de son église, *qu'il avoit commencée à réédifier*. Peu de temps avant sa mort, cet évêque marquoit à Guillaume, duc d'Aquitaine, qu'ayant été occupé à la restauration, *tant de la ville que de l'église de Chartres*, il n'avoit pu lui écrire, et il ajoutoit qu'à l'aide de Dieu, *il avoit déjà fait les grottes de cette église* : c'est-à-dire, ce qui est compris dans l'étendue de l'église souterraine. Son successeur, Thierry ou Théodoric, animé du même zèle, continua les travaux de cet édifice; mais il n'eut pas la gloire de le terminer (comme l'a écrit Paul Moine, historien contemporain cité par Doyen [2]), car il mourut le 16 avril 1048, et fut inhumé à l'abbaye de Saint-Père [3] de Chartres.

Au nombre des personnes qui contribuèrent à l'achèvement de cette basilique, se trouve Jean Cormier (qu'on appeloit aussi Jean-le-Sourd), mé-

---

[1] *Gallia Christiana*, tome VIII, page 1116. Dom RIVET, *Hist. littér. de la France*, tome VII, p. 264.

[2] *Histoire de Chartres*, tome I, page 244.

[3] Ce nom de *Père* est employé pour celui de Pierre. C'est ainsi qu'à Paris, la rue Saint-Père, appelée d'une petite chapelle sous l'invocation de cet apôtre, a pris le nom de la rue des Saints-Pères. Voy. ROQUEFORT, *Glossaire de la langue romane*, au mot *Père*.

decin du roi Henri I, qui, voulant signaler sa piété et son amour pour la ville de Chartres, lieu de sa naissance, fit bâtir à ses dépens, vers l'année 1060, le portail méridional, à l'exception du porche formant péristyle au-devant, dont la construction paroît être du milieu du douzième siècle, comme j'aurai l'occasion d'en parler.

Ce fut la princesse Mahaut, veuve de Guillaume-le-Bâtard, duc de Normandie, qui, vers 1088, fit couvrir en plomb, le principal corps de l'édifice, c'est-à-dire, le chœur, la croisée et une partie de la nef.

Il faut ajouter que l'entrée de la nef, le grand portail, et les deux clochers auxquels on travailloit depuis long-temps, ne furent achevés qu'en 1145 [1]. Avant que ces différentes parties ne fussent terminées, on avoit élevé un mur de refend dans toute la hauteur et la largeur de l'église, afin que les travaux pussent se continuer, sans interrompre le service divin [2].

Le projet avoit été de construire les deux clo-

---

[1] SOUCHET, *Histoire manuscrite de Chartres*; Bibl. du Roi, dépôt des manuscrits. Catalogue de Gaignères, coté 665.

[2] C'est ce qui a été pratiqué, et ce qu'on voit encore dans l'église de Sainte-Croix d'Orléans, dont la nef n'est point achevée. La première pierre de cet édifice fut posée par Henri IV, le 18 avril 1601. Voy. *Description historique de l'église cathédrale de Sainte-Croix d'Orléans*, par M. l'abbé DUBOIS, page 10.

chers sur le même dessin ; mais soit que les fonds
aient manqué, ou qu'il soit survenu quelque autre
obstacle , il n'y eut d'achevé que celui qui est à
droite, appelé le *clocher-vieux*. En 1395, la pointe
de ce clocher, fatiguée par l'injure du temps, et
menaçant ruine, fut démolie d'environ 20 pieds au-
dessous de la pomme, et reconstruite à neuf. En
1396, on y ajouta des cercles de fer, et depuis cette
époque, cette superbe pyramide a constamment
résisté aux intempéries jusqu'en 1754, époque à
laquelle on y a fait quelques réparations.

L'autre clocher ne fut construit en pierre, et de
même structure, que jusqu'à une certaine hauteur:
ce qui lui donna la forme d'une tour carrée, sur
laquelle on éleva une flèche en charpente et couverte en plomb. Mais le 26 juillet 1506, jour de
sainte Anne, vers les six heures du soir, le tonnerre en tombant embrâsa toute la charpente, et
fondit avec le plomb les six cloches qui y étoient
suspendues. Le feu qui dura jusqu'au lendemain
midi, étoit si violent qu'il consuma et calcina une
partie de la tour, ou de la plate-forme, construite
en pierre de Berchères. Il auroit infailliblement
embrâsé les combles de l'église, si l'on n'eut promptement démoli la partie de charpente et de couverture qui avoisinoit le clocher. Cet accident dé-
termina le chapitre de cette église, aidé des secours
de plusieurs princes, seigneurs et particuliers, à
faire reconstruire en pierre cette pyramide. Le roi
Louis XII donna 2000 livres pour cette répara-

tion, en 1509 [1] : l'évêque René d'Illiers y employa aussi une somme considérable. Pour exciter davantage la dévotion des fidèles, et pour les engager à contribuer de leurs moyens à ce pieux ouvrage, l'évêque de Chartres institua des confréries de Notre-Dame dans toutes les paroisses du Diocèse : le Chapitre en fit autant dans les paroisses de sa dépendance. Enfin le cardinal d'Amboise, dans la vue d'encourager cette entreprise, accorda des indulgences à tous ceux qui voudroient y coopérer.

Jean Texier, dit de *Beauce*, habitant de Chartres, est l'architecte qui a dirigé et fait exécuter les travaux de cette belle pyramide qui fait l'admiration des connoisseurs, tant par son élévation que par la hardiesse et la délicatesse de sa structure ; elle fut commencée en 1507, et totalement terminée en 1514. Le maître entrepreneur gagnoit par jour six et sept sols, et ses compagnons cinq sols [2].

Le jeudi 15 novembre 1674, le feu prit à ce clocher par la faute d'un des veilleurs nommé Gendrin. Plusieurs habitants de la ville s'empressèrent d'y porter de prompts secours, et parvinrent à le préserver du funeste incendie dont il sembloit être menacé [3]. Le chapitre de cette église, pour con-

---

[1] Cette somme de 2,000 livres seroit évaluée aujourd'hui à 7,868 fr. 42 cent. de notre monnaie.

[2] SABLON, *Histoire de l'Eglise de Chartres*, etc., éd. de 1697, page 62.

[3] *Relation de l'accident arrivé à Chartres, par le feu qui*

server la mémoire de cet évènement, et afin d'exciter
à l'avenir la vigilance des deux hommes chargés de
veiller nuit et jour aux incendies, fit placer dans
leur chambre située sur le haut de la tour, une
inscription gravée sur une pierre attachée au mur.

Le 12 octobre 1691, il s'éleva un vent impé-
tueux qui ébranla la pointe de ce clocher : elle ne
fut point renversée, parce que les crampons de fer
qui lient toutes les pierres entre elles, la soutinrent ;
mais elle fut inclinée dans l'étendue de 12 pieds
au-dessous de la croix. Une des principales causes de
cet événement fut la pesanteur d'un soleil de cuivre
doré, formant levier, qui avoit été placé en 1681,
au-dessus de la croix. La pointe de cette flèche fut
rétablie en 1692, en pierre de Vernon, par les soins
et sous la conduite de Claude Augé, sculpteur lyon-
nois, qui l'éleva de quatre pieds plus haut qu'elle
n'étoit auparavant [1]. La croix fut refaite à neuf,

----

auroit embrasé toute l'église, sans la protection toute visible de la
sainte Vierge, par M. ROBERT, archidiacre. Chartres, 1675,
in-8°.

[1] Lors de la démolition de la partie de ce clocher qui avoit
été endommagée, M. Cassegrain, médecin de Chartres, re-
marqua dans l'intérieur des trous de scellement des pierres
qui soutenoient la croix, quelques parties de fer oxidé qui lui
parurent avoir la couleur de l'aimant. Il reconnut en effet que
cette matière avoit le poids et la qualité de l'aimant minéral.
On trouva aussi plusieurs de ces croûtes ferrugineuses autour
des différens crampons de fer enclavés dans la pierre de Saint-
Leu, dont la flèche de ce clocher est construite ; mais il n'y

et l'on remit au-dessus le soleil, que l'on réduisit à 4 pieds de diamètre, afin de lui donner moins de prise aux vents. Depuis ce soleil a été supprimé en entier.

Enfin cette basilique qui a été l'espace de près de cent trente ans à bâtir, fut dédiée à la sainte Vierge le 17 octobre 1260, par Pierre de Maincy, soixante-seizième evêque de Chartres, sur la demande de saint Louis, qui obtint en cette considération, des indulgences du pape Alexandre IV, pour ceux qui visiteroient ce temple, le jour de sa consécration, et tous les ans à la même époque jusqu'à la fête de Noël [1]. L'anniversaire de la dédicace de cette église n'a plus lieu comme autrefois, le 17 octobre; il a été remis au deuxième dimanche de novembre, jour auquel on célèbre l'anniversaire de la dédicace de toutes les églises de France.

En considérant la masse imposante de cet édifice qui fait l'objet de notre admiration, on se demande quelles ressources nos ancêtres avoient-ils, pour entreprendre et finir de si vastes monuments? leurs ressources devoient être cependant bien moins con-

---

avoit que ce qui se trouvoit exposé au nord qui eut contracté la vertu du meilleur aimant. Il en fut envoyé un grand nombre de morceaux à Paris, dont plusieurs se trouvent encore dans les cabinets de quelques curieux. Voy. *Description de l'aimant qui s'est formé à la pointe du clocher-neuf de Nostre-Dame de Chartres*, etc., par l'abbé DE VALLEMONT, Paris, 1692, in-12.

[1] DOYEN, *Hist. de la ville de Chartres*, tome I, page 313.

2

sidérables que celles que nous possédons aujour-
d'hui, depuis que le commerce, l'industrie et l'ac-
croissement de notre territoire, ont multiplié parmi
nous les sources de l'abondance et de la prospé-
rité, qui leur étoient inconnues. Mais les hommes
de ces temps reculés, animés de la plus ardente
ferveur, et d'une persévérance que rien ne pouvoit
entraver, trouvoient des fonds inépuisables dans la
frugalité de leur table, dans la simplicité de leurs
vêtemens, de leurs ameublemens, et plus encore
dans l'économie qu'ils savoient mettre dans des plai-
sirs peu dispendieux et toujours proportionnés à
leur fortune.

EXTÉRIEUR DE L'ÉGLISE.

Façade principale.

L'église cathédrale de Chartres, l'un des plus
grands et des plus beaux monuments du moyen-
âge, que nous ayons en France, est bâtie en pierre
dure et bien appareillée, d'une construction solide.
La disposition générale du plan est grande et noble,
et les proportions en sont heureuses. Ses dehors
offrent un aspect imposant; le caractère mâle et sévère de la masse de son architecture (sans y comprendre les constructions postérieures) indique le
premier âge du style improprement appelé gothique [1].

---

[1] L'architecture appelée *gothique*, dont la véritable origine

A. Sergent. Carnutensis del. et sculp. 1782.

Cet édifice, bâti sur le sommet d'une colline, domine majestueusement sur toute la ville ; mais une place manque devant la façade, pour en considérer les détails.

n'a pas encore été parfaitement définie, présente depuis l'époque de son premier emploi dans la construction de nos temples, différents caractères propres à chacun des siècles qui ont terminé la longue période de la décadence de l'art au quatrième siècle, jusqu'à sa restauration au seizième, et que l'on désigne ordinairement sous le nom générique de *moyen-âge*. L'architecture du commencement du onzième siècle, entée sur le style lombard (considéré comme l'état de l'art dégénéré des anciens, et qui fut introduit en France sous Charlemagne), se distingue par une lourdeur excessive et par des arcs en plein-cintre, dont les retombées reposent sur des chapiteaux chargés de bas-reliefs composés de figures bizarres, et d'ornements dont plusieurs offrent par fois d'heureuses réminiscences de l'art des Grecs et des Romains. L'architecture de la fin du onzième siècle et celle du douzième, présentent plus de délicatesse et de témérité que la précédente. A cette époque la sculpture étoit aussi beaucoup mieux soignée. On doit remarquer dans le onzième siècle, qu'aux voûtes en plein cintre succédèrent les voûtes ogives, qui, par leur division en angles rentrans et saillans très délicatement travaillés, présentent une légèreté et un svelte qu'on ne trouve pas dans les voûtes en berceau. Voilà le premier âge du style improprement appelé *gothique*. Enfin les treizième et quatorzième siècles nous présentent cette architecture portée au plus haut période de sa perfection. Au retour des croisades, vers la fin du treizième siècle, les arts dépendants du dessin furent très cultivés, et les artistes qui avoient voyagé en Asie avec saint Louis, en apportèrent un nouveau genre de décoration, et introduisirent particulièrement

2 *

La façade principale, remarquable par sa proportion colossale, la simplicité et l'irrégularité de ses
masses, présente deux grosses tours carrées, surmontées de deux hautes pyramides de forme octogone, dont l'une d'un travail extrêmement riche et
délicat, produit une heureuse opposition avec les
grands corps lisses de cette façade. Leur élévation
extraordinaire les fait apercevoir de très loin. La
hauteur du *clocher-vieux*, depuis le pavé jusqu'au
croissant, est de 342 pieds; celle du *clocher-neuf* est
de 378 pieds : leur largeur prise dans la base est de
50 pieds. L'intervalle qui les sépare étant égal à
leur diamètre, il en résulte que la façade entière a
150 pieds de largeur. Les profils des soubassements
des deux tours présentent des différences assez
remarquables : ceux du *clocher-vieux* sont plus

---

dans l'architecture le style *arabesque* ; dès lors les ogives allon-
gées et élégantes prirent la place des voûtes surbaissées, et l'on
vit bientôt, à l'instar des mosquées, nos temples s'élever majestueusement, et leur intérieur se revêtir de dorures et de couleurs brillantes, qui, réunies à la richesse des vitraux peints,
étalèrent le luxe le plus imposant. Tel a été l'état de l'architecture du moyen-âge, depuis le onzième siècle jusque vers la fin
du quinzième. Les relations qui s'établirent entre la France et
l'Italie pendant le règne de Charles VIII, et qui se continuèrent
sous ses successeurs, contribuèrent beaucoup à l'introduction
d'un nouveau style d'architecture et à l'abandon du gothique,
dont il est permis toutefois de regretter l'élégance et la légèreté,
surtout pour un certain ordre de monuments.

purs, la disposition des contreforts présente un aspect plus régulier. [1]

Trois grandes portes précédées d'un perron élevé de six marches, et pratiquées sous des voussures ogives, décorées de figures et de rinceaux d'ornements, divisent également la partie de cette façade qui règne entre les deux clochers. Elles représentent divers sujets tirés de l'Apocalypse et de la vie de la sainte Vierge.

Sur celle du milieu, dite la *porte Royale* (ainsi nommée, parce que c'est par cette porte que les rois de France étoient reçus dans cette église), on voit dans la partie supérieure de l'enfoncement, Jésus-Christ dans un ovale lumineux assis sur son trône, tenant de la main gauche le livre des sept sceaux, puis ayant la droite élevée comme pour donner la bénédiction. La figure du Sauveur vêtue d'une longue tunique et d'une espèce de *peplum* ou manteau enrichi de broderies, est environnée des sym-

---

[1] Il n'existe en France aucun exemple de deux pyramides accouplées construites en pierre, dont l'élévation puisse entrer en parallèle avec celle des clochers de la cathédrale de Chartres. Il faut excepter de cette règle la tour pyramidale de l'église de Strasbourg, qui est seule. Les deux pyramides qui surmontent le portail de la cathédrale de Coutances, si admirables par l'unité qui règne dans leur ensemble, sont beaucoup moins élevées que celles de Chartres ; il en est de même des deux flèches de l'église de Saint-Etienne de Caen (dite *l'Abbaye aux Hommes*), et de plusieurs autres.

boles des quatre évangélistes désignés dans la vision d'Ezéchiel, savoir : Le lion (saint Marc); le bœuf (saint Luc); l'aigle (saint Jean); et l'ange (saint Mathieu) : cette manière de représenter la divinité est conforme à celle généralement adoptée dans les onzième et douzième siècles, qui nous avoit été transmise par les Grecs [1]. Au-dessous de cette représentation, sont placées sur une même ligne les figures des prophètes au nombre de 14. Dans les arcs ogivés qui forment la voussure du portail, se voient les vingt-quatre vieillards de l'Apocalypse, tenant divers instruments de musique, des coupes d'or remplies de parfums, et chantant aux noces de l'agneau un cantique nouveau, avec *la harpe*, le *sistre* et le *psaltérion*. Ces instruments de musique, parmi lesquels on reconnoît le violon à trois et à quatre cordes, sont aussi curieux qu'intéressants par la richesse et la variété de leur forme [2]. Le fond du

---

[1] Plusieurs églises de la Bourgogne, construites dans le onzième siècle, offrent sur leur frontispice les mêmes représentations. Voy. les *Notes et les Dissertations sur l'Histoire de Bourgogne*, par dom PLANCHER et dom MERLE, tome I, p. 476.

[2] Un de ces violons et plusieurs des grandes statues qui décorent les trois portails de cette façade, ont été gravés, et se trouvent dans les *Monumens français inédits pour servir à l'histoire des arts*, etc. , publiés par M. WILLEMAIN. Cet ouvrage exécuté avec le plus grand soin et l'exactitude la plus scrupuleuse, d'après les monuments et les manuscrits, offre une galerie aussi utile qu'intéressante, de costumes civils et mili-

cadre ogive au-dessus de la porte est décoré de plusieurs anges tenant dans leurs mains des *astro-labes*, ou espèces de cadrans servant à indiquer le cours des astres [1].

Les deux faces latérales de ce portail sont ornées de grandes statues placées dans l'ordre suivant : sur la gauche, il y a d'abord deux reines et un roi ; ensuite un autre roi et un saint, qui sont les plus près de l'entrée. L'autre à droite en entrant, commencé par un saint ; après viennent un roi et une reine et un autre roi. Tous portent le nimbe ou cercle lumineux : l'un des deux rois tient un livre, deux reines en ont aussi chacune un ; on doit observer que c'est la marque ordinaire des fondateurs

---

taires, d'instruments de musique, de meubles de toute espèce, de décorations intérieures et extérieures de maisons, et de détails d'architecture et d'ornements, depuis le commencement de la monarchie jusques et compris le règne de Louis XIV. Cette belle collection, unique en son genre, qui a exigé de l'auteur de longues recherches, non-seulement à Paris, mais dans nos provinces, doit être distinguée d'une autre publiée sur la même matière, compilation exécutée sans goût et sans le moindre discernement, d'après les gravures des *Monumens de la monarchie française* du Père MONTFAUCON, et autres recueils aussi inexacts.

[1] Ces *astrolabes* paroissent appartenir à des temps beaucoup plus anciens, où l'on décernoit un culte aux astres ; ils ont passé successivement des temples payens dans la décoration des temples chrétiens, où l'on a également représenté d'autres signes de ce culte, dans les temps d'ignorance et de barbarie.

ou des bienfaiteurs, qui étoit alors en usage. Les
rouleaux déployés que tiennent les rois et les reines,
indiquent le consentement ou la permission qu'ils
ont donné pour cette construction.

Le deuxième portail à droite représente différents
traits de la vie de la sainte Vierge. On voit successivement dans trois divisions distinctes : 1º Un ange
qui annonce aux bergers la naissance de Jésus-
Christ. Le lit de la Vierge se fait remarquer par sa
forme élégante. 2º La présentation de Jésus-Christ
au temple par la sainte Vierge et saint Joseph ; de
l'autre côté est le vieillard Siméon. 3º Dans la partie
supérieure du tympan, la Vierge assise, un sceptre
à la main, tenant l'enfant Jésus sur ses genoux ; à
ses côtés sont deux anges tenant chacun un encensoir. Sur les faces latérales de ce portail sont placées six grandes statues de rois et de reines dont les
noms ne sont point connus.

Le troisième portail à gauche représente dans la
partie supérieure au-dessus de la porte, Jésus-
Christ, la main droite élevée, accompagné de deux
anges, et au-dessous les quatre anges désignés dans le
septième chapitre de l'Apocalypse. Ces quatre anges
placés aux quatre coins de la terre, retenoient les
quatre vents, afin qu'ils ne soufflassent point sur la
terre ni sur la mer : plus bas se voient dix petites
figures. Dans les arcs ogives de la voussure du portail, on remarque plusieurs figures grotesques, des
quadrupèdes, les signes du zodiaque et les travaux
agricoles des douze mois de l'année, le tout gros-

sièrement sculpté. Les signes du zodiaque qui sont incomplets, se trouvent disposés de la manière suivante : 1° L'écrevisse. 2° Le verseau. 3° Les gémeaux. 4° Le sagittaire. 5° La vierge. 6° Le lion. 7° Le taureau. 8° Le scorpion. 9° Le bélier. L'ordre dans lequel devoient être placés les signes du zodiaque, se trouve interverti par des transpositions, qui prouvent l'ignorance des ordonnateurs des travaux, qui n'étoient guidés par aucune connoissance astronomique.

Aux signes du zodiaque, le sculpteur, conformément à l'usage, a cru devoir associer les travaux champêtres des douze mois de l'année qui y correspondent. Ils sont distribués de la manière suivante : 1° Le Janus *Bifrons* devant une table, et tenant une coupe à boire. 2° Un bûcheron faisant la coupe des bois. 3° Une femme occupée à ensemencer. 4° Un homme abattant le gland pour la nourriture des pourceaux. 5° La chasse au faucon ou le printemps. 6° Un homme qui paroît être un moine jetant sa cucule à l'entrée d'un monastère. 7° Un vigneron plantant des ceps de vignes. 8° Un paysan qui bat en grange. 9° Un vigneron foulant les raisins dans la cuve, qu'un vendangeur s'occupe à remplir. 10° Un homme travaillant à la moisson. 11° Un autre conduisant son cheval au labourage. 12° Un paysan occupé à faucher un pré. 13° Un autre plantant un arbre.

Nous paroissons avoir emprunté des Égyptiens et des Indiens l'usage de sculpter les douze signes du

zodiaque, sous les portiques de nos temples. Les
architectes du moyen-âge ont suivi en cela l'opinion
de leur temps, et le goût de décoration de ces peuples, qui nous fut transmis par les excursions lointaines et par les Croisades. La plupart de ces pré-
tendus monuments astronomiques ne sont que des
ornements qu'on s'est accoutumé, dans les temps d'i-
gnorance, à donner aux temples chrétiens, comme
on les plaçoit auparavant aussi dans les temples
payens, sans en bien connoître la nature, et sans
savoir les adapter aux temps où l'on vivoit [1]. L'exécution de ces représentations zodiacales étoit souvent confiée à des ouvriers qui n'y entendoient rien,
et qui commettoient par fois des bévues semblables
à celles du zodiaque que nous venons de décrire,
dont le sens incomplet et la transposition des signes
attestent que ces artistes n'avoient d'autre inten-
tion que celle de rappeler l'époque des travaux
propres à chaque saison, ou même uniquement de
se conformer à une coutume de tout temps suivie
par les architectes du moyen-âge.

Les deux faces latérales de ce portail sont décorées de six grandes statues, trois de chaque côté,
représentant les principaux bienfaiteurs de cette
église.

Toutes les statues qui décorent ces trois porti-

---

[1] *Examen et Explication du Zodiaque de Denderah*, etc.,
par M. l'abbé HALMA. Paris, 1822, pages 9 et suiv.

ques, sont aussi intéressantes pour l'histoire de l'art,
que pour celle du costume français dans les onzième et douzième siècles ; elles sont vêtues de longues tuniques, recouvertes par une espèce de manteau, qui quelquefois ouvert sur le devant, laisse
apercevoir de riches ceintures et de très belles étoffes
gauffrées. On doit surtout remarquer la forme variée
des couronnes, ainsi que les longues tresses de cheveux (dont quelques-unes sont enveloppées de ru-
bans) que portent la plupart des reines et des prin-
cesses, comme un signe caractéristique de la liberté
et de la puissance de la noblesse, suivant l'usage
observé sous la première, la deuxième et le commencement de la troisième race des rois de France [1].
La plupart de ces statues confiées aux sculpteurs les
plus habiles, ont été exécutées avec une si grande
perfection pour le temps, qu'on doit les distinguer
par la dignité du style, comme les plus intéressantes
parmi celles qui décorent les portiques des monuments du moyen-âge. Il en est de même des colonnes
décorées d'entrelacs et de rinceaux d'ornements
d'un très bon goût, qui séparent les statues de ces
trois portiques. Enfin toutes ces sculptures sont tel-

---

[1] La plupart des Allemandes portent encore de pareilles
tresses de cheveux, qui font une partie essentielle de la parure
de leur tête. La chevelure longue que portent encore les habitants de la campagne, peut être considérée comme un monument de leur affranchissement dans le moyen-âge.

lement empreintes du caractère oriental, que l'on seroit tenté de croire qu'elles furent exécutées par des artistes grecs. Grâce au zèle des habitants de Chartres, les traces du vandalisme ne réveillent pas ici comme ailleurs les souvenirs les plus affligeants.

Les personnages représentés sur ces portiques, sont les rois et reines, ducs et comtes qui contribuèrent à la réédification de cette basilique. Tels sont: Robert I, dit *le Pieux*, roi de France; la reine son épouse; Canut-le-Grand, roi d'Angleterre et de Danemarck; Eudes II, comte de Chartres; Richard II, quatrième duc de Normandie; Guillaume V, duc d'Aquitaine; la princesse Mahaut, duchesse de Normandie, et plusieurs autres princes et seigneurs leurs contemporains, qui donnèrent des sommes considérables pour travailler à la construction de cet édifice.

Les chapiteaux et couronnements qui surmontent les colonnes et les statues de ces portiques, ainsi que le pourtour des chambranles, sont décorés d'une suite de petits bas-reliefs, représentant pour la plupart les mystères du nouveau testament. Ces petites figures sont d'une exécution très soignée. Plusieurs des chapiteaux des colonnes de la *porte royale*, présentent quelques réminiscences du chapiteau corinthien. Un autre chapiteau que l'on voit à gauche à l'entrée de la nef, offre deux dragons ailés buvant dans une coupe, imitation imparfaite de quelques bas-reliefs antiques.

Au-dessus de ces portiques, sont trois grandes

fenêtres vitrées en verre peint. Immédiatement au-dessus de ces fenêtres, se voit une grande rose re-marquable par la délicatesse de ses compartiments en pierre. Cette rose est surmontée d'une galerie qui sert à communiquer d'un clocher à l'autre : un peu plus haut que cette galerie, sont placées dans des niches, seize grandes statues de rois et de reines te-nant des sceptres, qu'on présume avoir été les bien-faiteurs de cette église ; ces statues ne sont pas d'un aussi bon style que celles des trois portiques. Dans le grand pignon qui surmonte la façade de l'église, se voit une représentation en relief de l'apothéose de la sainte Vierge ; deux anges, l'un placé à droite, l'autre à gauche, portent des encensoirs. Ce pignon est sur-monté d'une statue, que l'on croit être celle de saint Aventin, premier évêque de Chartres. Ensuite s'é-lèvent sur deux lignes parallèles, les deux clochers : l'un, dit le *clocher-vieux*, étonne par sa masse énorme, sa forme pyramidale et ses belles propor-tions. Vers le haut de cette pyramide, et près d'une ouverture, il existe une échelle en fer par laquelle on monte à la croix, qui est entée dans un globe de cuivre doré, et surmontée d'un croissant de même matière, qui y fut posé en 1681. L'ordon-nance mâle de ce clocher se distingue spéciale-ment par l'heureux accord des lignes, parfaitement en harmonie avec la sévérité du style de l'église.

Ce clocher est percé sur chaque face de plusieurs fenêtres ogives, dont les plus élevées sont surmon-tées de frontons aigus, et accompagnées d'obélis-

ques qui flanquent les angles de la tour. Il contenoit autrefois trois grosses cloches, appelées *bour-*
dons, qui ont été cassées et fondues en 1792 [1]. La
charpente qui les supportoit, est remarquable par
sa belle construction. On y voit deux poinçons dont
les culs-de-lampe sont ornés de bas-reliefs : sur l'un
est un écusson aux armes de France, dont le nombre
des fleurs-de-lis, réduit à trois, indique le règne de
Charles VI [2] ; sur l'autre cul-de-lampe, sont les
armes de l'ancien chapitre de Chartres. [3]

---

[1] La plus grosse de ces trois cloches, appelée *Marie*, avoit
d'abord été jetée en fonte le 29 avril 1510, par Pierre Noël et
Pierre Sainet, fondeurs ; elle fut refondue en 1723, avec quatre
autres cloches de la même église, par François Sabattier, Antoine et Claude Brocard et Jacques Chauchard, très habiles
fondeurs.

[2] Le premier exemple que l'on puisse produire de trois
fleurs-de-lis seules dans l'écu de France, est tiré du contre-scel
du sceau, que Philippe III dit le *Hardi*, laissa aux régents du
royaume, lors de son départ pour la guerre d'Aragon en 1285.
Charles V est le premier qui réduisit les fleurs-de-lis sans
nombre, à celui de trois, deux et une, afin d'honorer dans ce
nombre mystique les trois personnes de la Trinité. Cependant
l'usage n'en devint général que sous Charles VI, qui, par une
ordonnance de 1380, fixa à trois le nombre des fleurs dans
l'écu de France. Dom DE VAINES, *Dictionnaire de Diplomatique*,
Paris, 1774, tome II, p. 273.

[3] Les armoiries de l'ancien Chapitre de Chartres étoient
d'azur à une chemise d'argent. Le chapitre avoit adopté cette
pièce dans ses armes, afin de rappeler que son église possédoit
la tunique de la Vierge, qui lui avoit été donnée en 877 par
Charles-le-Chauve, roi de France.

Le second clocher, dit le *clocher-neuf*, commande l'admiration, tant par la hardiesse de sa structure, que par la richesse et la délicatesse de ses ornemens. Il est divisé en plusieurs étages voûtés en pierre; le premier, situé à la hauteur du comble de l'église, est appelé la *chambre de la sonnerie*. Sur le mur de cette chambre, du côté du midi, se voit une grande pierre blanche, sur laquelle est gravée une inscription dont les caractères sont gothiques. Cette inscription a été placée dans cet endroit, pour conserver à la postérité, la mémoire du funeste incendie arrivé l'an 1506, et qui réduisit en cendres une partie de ce clocher. C'est le clocher qui est censé parler:

Je fu iadis de plomb et de bois construict,
Grand, hault, et beau, et de somptueux ouurage,
Jusques à ce que tonnerre et orage
M'ha consommé, dégasté et détruict.
Le iour de saincte ANNE, vers six heures de nuict,
En l'an compté mille cinq cens et six:
Je fus bruslé, démoli et recuit,
Et auec moi de grosses cloches six.
Après Messieurs en plein Chapitre assis,
Ont ordonné de pierre me refaire,
A grande voulte, et pilliers bien massifs,
Par Jehan de Beaulse, ouvrier qui le sceut faire.
L'an dessus dict, après pour me refaire,
Firent asseoir le vingt-quatriesme iour,
Du mois de Mars, pour le premièr affaire,
Première pierre et aultres sans séiour.
Et en Apuril huictiesme iour exprès,
RENÉ D'ILLIERS, éuesque de renom,

Perdit la vie, au lieu duquel après,
Fust Erard mis par postulation.
   En ce temps là qu'auois nécessité,
Auoit des gens qui pour moy lors veilloient:
De bon cœur, fust hyver ou esté,
Dieu leur pardoint [1], car pour lui trauailloient.
       1508.

Dans l'étage au-dessus de la chambre de la sonnerie se voit la charpente dans laquelle étoient suspendues cinq cloches d'accord avec les trois bourdons de l'autre tour; elles ont été cassées de même que ces dernières à l'époque de la révolution, à l'exception de la plus petite des cinq appelée *Piat*, qui a été conservée, et dont on se sert pour annoncer les offices : elle pèse 1800 livres.

En 1816, la fabrique de l'église de Chartres a fait fondre deux cloches dont la plus grosse pèse 3,500, et la seconde 2,800 livres. Ces deux cloches ont été nommées par Monsieur, comte d'Artois, et Madame, duchesse d'Angoulême, représentés par M. le vicomte de Sesmaisons et Madame la comtesse de Gontaut-Biron. Elles ont été fondues par Nicolas Cavillier, de Carré-Puits (Somme).

On peut circuler autour de ce clocher, par une galerie, dont la balustrade à jour, forme une riche ceinture horizontale, qui surmonte quatre grandes fenêtres à frontons aigus, percées sur chacune des

---

[1] Pardonne.

faces de la tour. Sur les piliers angulaires de la tour s'élèvent quatre obélisques d'une structure élégante et hardie qui se rattachent au corps du clocher, par de légers arcs-boutants dont l'extrados est orné de jolies découpures. Sur chacun de ces obélisques, et à une certaine hauteur, sont groupées trois statues représentant les douze apôtres avec leurs attributs. Cette partie du clocher offre sur chaque face une grande fenêtre, surmontée d'un pignon de style arabesque travaillé à jour. Sur le pignon du côté de la place du parvis, se voit une grande statue en pierre représentant *Dieu le Père*, tenant d'une main un livre, et de l'autre un globe surmonté d'une croix en fer, symbole de sa souveraine puissance. Autour du socle sur lequel est placée cette statue, on lit l'inscription suivante en caractères gothiques : JEHAN DE BEAUCE QUI A FAICT CE CLOCHER, M'A FAICT FAIRE, 1513.

C'est dans cette partie du clocher, que l'architecte, Jean de Beauce, a cru devoir étaler un grand luxe d'ornements; ce sont des ceps de vignes découpés à jour, qui suivent les contours des arcs ogives, ainsi que des entrelacs et des rinceaux du meilleur goût. Toutes les sculptures qui décorent ce clocher, ont été exécutées par les mêmes artistes auxquels on doit celles de la clôture du chœur de cette église [1].

---

[1] SABLON, *Histoire de l'Église de Chartres*, édit. de 1697, page 62.

De la galerie qui vient d'être décrite, on monte
un escalier pratiqué dans une tourelle à jour, hors
d'œuvre, et l'on arrive dans une chambre de forme
octogone et voûtée en pierre, dans laquelle sont
deux lits et une cheminée. Cette chambre sert à
loger les deux hommes qui sont gagés par la ville,
pour veiller nuit et jour aux incendies. Lorsqu'ils en
découvrent, d'abord, ils annoncent, par le moyen
d'un porte-voix (qui s'entend de toute la ville) le
quartier où le feu s'est manifesté; ensuite ils sonnent
le tocsin sur une cloche placée au-dessus de leur
chambre [1]. Près de la porte qui conduit sur la ga-

---

[1] Voici ce qui donna lieu à cet usage. Les fréquens incendies qui arrivoient dans cette ville (dont presque toutes les
maisons sont construites en pans de bois), particulièrement
celui de 1262, et la nécessité d'y établir une horloge publique,
excitèrent singulièrement l'attention des Chartrains. Sur la demande qu'ils adressèrent en 1269 à Philippe-le-Hardi, fils de
saint Louis, ils obtinrent que le chapitre de la cathédrale seroit
obligé de faire monter et entretenir une horloge (pour toute
la ville), dont le timbre placé dans l'un des clochers ou autre
lieu éminent, serviroit en même temps au tocsin; qu'à cet effet
le chapitre entretiendroit deux hommes pour coucher dans le
clocher, pour veiller nuit et jour, et sonner l'alarme en cas
d'incendie ou d'autre accident. On construisit cette horloge,
et le timbre fut placé dans le petit clocher qu'on voyoit, avant
la Révolution, sur le centre de la croisée. Au mois de septembre
1520, on descendit de ce clocher le timbre de l'horloge, et
l'on en fit refondre un beaucoup plus fort, qu'on plaça au dernier étage du clocher-neuf. Le mécanisme de l'horloge fut placé

lerie, on lit l'inscription suivante gravée sur une pierre attachée au mur de cet observatoire [1] :

OB VINDICATAM, SINGULARI DEI MUNERE
ET A FLAMMIS ILLÆSAM HANC PYRAMIDEM,
ANNO 1674, 15 DECEMBRIS PER INCURIAM VIGILUM,
HIC EXCITATO AC STATIM EXTINCTO INCENDIO,
TANTI BENEFICII MEMORES SOLEMNI POMPÁ,
GRATIIS DEO PRIUS PERSOLUTIS, DECANUS
ET CAPITULUM CARNOTENSE HOC POSTERITATI
MONUMENTUM POSUERE.

De cette chambre on monte au dernier étage du clocher. C'est une lanterne de forme octogone, percée de deux fenêtres sur chaque pan, dans laquelle est suspendue la cloche de l'horloge, vulgairement appelée la *cloche du guet*, parce qu'elle sert de tocsin pour les incendies. Cette cloche, qui pèse 10,540 livres, a six pieds 4 pouces de diamètre, et 5 pouces d'épaisseur. On y voit la salamandre,

___

au bas de ce clocher, dans un petit bâtiment construit à cet effet, afin que le mouvement pût agir plus librement sur le timbre. Le beau cadran qu'on y voit, et qui, suivant l'ancien usage étoit divisé en vingt-quatre heures, ne fut posé qu'en 1526. Ce petit édifice est remarquable par l'excellent style de sa composition, qui indique la nuance qui sépare en France le gothique du bon goût. Derrière cet édifice et entre les contreforts de la tour, il existe un réservoir toujours plein d'eau, pour servir, en cas d'incendie, dans le bâtiment.

[1] Voyez ci-dessus, page 15, ce qui a été dit à l'occasion de l'incendie de 1674.

3 *

devise de François I, sous le règne duquel elle a été
fondue. C'est de ce dernier étage du clocher, que
l'on jouit d'une vue admirable sur les vastes et fer-
tiles plaines de la Beauce.

Au-dessus de cette lanterne, s'élève une haute pyramide en pierre de forme octogone, dont les arêtes
sont enrichies d'ornements en saillie; elle est surmontée d'une croix de fer de 8 pieds de hauteur sur
5 pieds de largeur, entée dans un vase de bronze
de 5 pieds 6 pouces de hauteur sur 2 pieds 6 pouces
de diamètre. Ce vase, y compris l'armature en fer
placée dans l'intérieur, pèse 976 livres. Il est revêtu
de serpens entrelacés. On monte à la croix par le
moyen d'une échelle en fer, fixée à la pyramide.
Nous avons déjà dit que le haut de cette pyramide
fut rétabli en pierre de Vernon et la croix refaite à
neuf par les soins de Claude Augé, sculpteur lyon-
nois. Cette réparation qui coûta la somme de mille
francs au Chapitre, fut commencée en 1691, et
achevée le 8 août 1692 [1].

Le style de la reconstruction de cette partie du
clocher neuf, offre un exemple de l'architecture
dite *gothique*, portée à un période voisin de sa décadence, et dans laquelle on distingue plusieurs
formes qu'elle a empruntées du style arabe. L'architecte Jean de Beauce, en homme expérimenté

---

[1] SABLON, *Histoire de l'Eglise de Chartres*, etc., édit. de
1697, page 67.

dans son art, a su allier l'élégance des formes et la richesse des détails, à une solidité déjà éprouvée par plusieurs siècles, et dont la nature des matériaux garantit une longue durée.

En se dirigeant du côté du midi, on voit sur l'angle d'un des contreforts, au bas du clocher-vieux, un cadran solaire en pierre portant la date de 1578, et soutenu par un ange qui est inhérent au corps de la tour. Outre que la sculpture de cet ange est parfaitement semblable à celle des trois portails de la façade, c'est qu'il est encore appuyé sur une base qui paroît avoir été faite en même temps que le clocher; ce qui porteroit à croire que le cadran solaire dont il a été parlé ci-dessus, n'est que le renouvellement d'un autre cadran beaucoup plus ancien qui sera sans doute tombé de vétusté.

Sur l'autre contrefort du *clocher-vieux* (toujours du côté du midi), est placée la figure d'un quadru-pède assez renommé dans le pays, et vulgairement appelé *l'Ane qui vielle.* Cet âne qui est supporté sur une console ornée de deux marmousets, paroît jouer d'un instrument à cordes, qu'on reconnoît pour être une harpe, mais que l'on a pris mal à propos pour une vielle. Cette idée bizarre de placer sur le mur d'un temple, la configuration grotesque d'un âne pinçant de la harpe, doit être, je crois, consi-dérée comme un monument des superstitions et des extravagances de la *fête de l'âne,* en usage dans plusieurs églises de France dès le onzième siècle, et dont le sculpteur, imbu de cette superstition, aura peut-être voulu conserver la mémoire, en plaçant ici la figure de cet animal [1].

Sur le troisième éperon du même côté, se voit à la même hauteur, un autre animal dont la tête manque; cette figure paroît être celle d'une truie qui file; on la trouve également reproduite sur le frontispice de la cathédrale de Saint Paul de Léon dans le département du Finistère. Ce monument représente une truie à mamelles gonflées, assise et filant avec une quenouille; le peuple l'appelle vulgairement *la truie qui file* [2].

Dans le seizième siècle les artistes plus entraînés que jamais à se livrer aux écarts de leur imagination, plaçoient encore de ces quadrupèdes immondes jusques dans l'intérieur des temples. Nous citerons l'exemple suivant : sur le jubé de l'église de Saint-André de Chartres, construit en 1501, on voyoit autrefois, entre autres configurations grotesques, un cochon dressé sur ses pieds de derrière, battant le beurre dans une tinette, au-dessous d'un chêne,

---

[1] Le but de la *Fête de l'Ane* étoit d'honorer l'humble et utile animal qui avoit assisté à la naissance de Jésus-Christ, et qui l'avoit porté sur son dos, lors de son entrée à Jérusalem. L'église métropolitaine de Sens étoit celle où cette solennité se faisoit avec le plus d'appareil. Voyez *Description d'un Dyptique qui renferme un Missel de la Fête des Fous*, etc., par A. L. MILLIN. Paris, 1806, in-4°.

[2] MANGOURIT, *Monuments historiques de la Bretagne*; *Mémoires de la Société des Antiquaires de France*, tome II, p. 200.

la tête levée et ouvrant la mâchoire pour manger le gland suspendu à l'arbre [1].

Façade méridionale.

Toute la partie latérale de l'église, du côté du midi, présente un caractère à la fois sévère et imposant. La disposition des piliers butans, et la grande saillie du croisillon précédé d'un vaste porche à trois portiques, produit un grand effet dans la perspective de ce temple, dont l'aspect est vraiment pittoresque, vu de la place vulgairement appelée le cloître de Notre-Dame.

Les piliers butans de la nef, au nombre de six, sont ornés de statues placées dans des niches. Chaque pilier butant se compose de trois arcs-boutans qui, comme autant de contre-fiches, servent à appuyer les murs contre la poussée des voûtes. Celui du milieu est remarquable par les colonnes dont il est soutenu, et qui forment des rayons disposés comme ceux d'une roue. Ces colonnes sont liées entre elles par de petits cintres qui supportent et donnent une grande solidité à cet arc-boutant d'une construction assez matérielle.

Le portail de ce côté est précédé d'un vaste porche à trois portiques, formant péristyle, d'une structure admirable, et auquel on monte par un

---

[1] *Notice manuscrite sur l'Eglise collégiale et paroissiale de Saint-André de Chartres*, par M. HÉRISSON.

perron composé de dix-sept marches. Ce magnifique porche est soutenu par des massifs ou piédroits, décorés d'une longue suite de bas-reliefs et accompagnés d'une grande quantité de colonnes, dont presque tous les fûts sont d'une seule pierre. Les trois portiques sont surmontés de pignons et d'une suite de dix-huit statues de rois et de reines placées dans des niches, surmontées de pyramides. On aura une idée de la beauté et de la richesse de ce morceau d'architecture, unique dans son genre, lorsqu'on saura que toutes les statues et les bas-reliefs qui le décorent, ont été jadis peints et dorés, ce que prouvent les manuscrits, et ce que l'on reconnoit d'ailleurs par des fragments de peinture et de dorure qui ont échappé à l'injure de l'air et des siècles, qui ont insensiblement déposé sur toutes ces figures, une couche de poussière que l'on devroit s'empresser de faire nettoyer.

Sur le trumeau de la porte du milieu, est représenté Jésus-Christ tenant le livre des Saints Evangiles afin d'indiquer qu'il est *la lumière du monde*[1]; la couverture du volume est richement ornée; la tunique du Sauveur est peinte par le bas de trois bandes de couleur rouge, et le bord de son manteau est peint en pourpre. Ce manteau a été originairement doré ainsi que le nimbe orné d'une croix grecque. Sous le piédestal de cette statue, est placée

---

[1] *Ego sum lux mundi.*

dans deux divisions, la figure à genoux de Pierre dit *Mauclerc*, duc de Bretagne, la tête ceinte d'une couronne enrichie de perles, distribuant des pains dans une corbeille portée par des serviteurs; plus bas est Alix sa femme, assise, paroissant faire la même distribution.

De chaque côté de la statue de Jésus-Christ, sont placées sur deux lignes parallèles, les statues des douze apôtres avec leurs attributs. Dans le tympan qui forme le fond du cadre ogive de la porte, est représenté le sujet du *Jugement dernier*, tableau qui entroit assez généralement dans la composition des portails des églises construites dans les douzième et treizième siècles, afin de rendre d'une manière plus sensible aux yeux du peuple, le dogme de la résurrection des morts contre les hérésies qui s'élevoient alors. Le Père-Éternel est assis sur son trône, ayant la sainte Vierge à sa droite, et saint Jean à sa gauche, comme patron de Jean Cormier, médecin de Henri I, roi de France, qui fit élever à ses dépens, la façade de ce portail, vers l'an 1060 [1]. Dans la partie supérieure du tympan qui termine le cadre ogive, sont placés deux anges soutenant la croix du Sauveur. Plus bas, dans le même bas-relief,

---

[1] Plusieurs historiens ont attribué (sans preuves) à ce pieux médecin, la mort de Henri I, auquel il avoit fait prendre un médicament qui devint fatal à ce prince, à une époque où la médecine étoit encore dans une sorte d'enfance parmi nous. LE BEUF, *Dissert. sur l'Hist. de Paris*, etc., tome II, p. 195.

deux autres anges tiennent les divers instruments
de sa Passion. Au-dessous du Père-Eternel et des
personnages qui l'accompagnent, s'effectue la sépa-
ration des élus et des réprouvés. Au milieu est placé
saint Michel Archange, pesant, sous un sens fi-
guré, les ames des mortels; la balance ayant été
mutilée, on ne voit plus que les vestiges des bas-
sins, dont l'un contenoit la figure d'un juste et
l'autre celle d'un démon qui fait ses efforts pour
faire pencher la balance de son côté.

Ceux qui sont condamnés aux peines éternelles
vont s'engouffrer dans l'énorme gueule d'un dra-
gon, où plusieurs démons les font entrer à coups
de fourches; sur le côté un diable saisit une reli-
gieuse, tandis qu'un autre prend une reine par la
main et paroît s'entretenir avec elle. Les contours des arceaux de la voussure de ce portail, sont
remplis de figures. Sur la droite sont les justes qui
jouissent de la béatitude céleste, et à gauche les
réprouvés condamnés aux peines de l'enfer. Le
fronton qui surmonte le centre du porche, est décoré de la statue de la Vierge dans une gloire au milieu des anges. Cette représentation de l'apothéose
de la Vierge reproduite sur la plupart des frontons
de cette basilique, avoit sans doute pour but de
rappeler le culte spécial, dont elle a été constamment honorée dans tous les temps par les nombreux
pélerinages qui s'y faisoient.

Dans le tympan du portail à droite, sous le
porche, sont représentés quelques traits de la vie

de saint Martin, évêque de Tours. Saint Martin vint deux fois à Chartres vers l'an 368, et ce thaumaturge y laissa de précieux souvenirs de ses vertus en opérant deux miracles dans ce diocèse ; l'un dans une bourgade, qui occasionna la conversion de ses habitants, et l'autre dans la ville de Chartres, en présence de deux évêques dont il étoit accompagné [1].

Dans le premier bas-relief du tympan, le saint à cheval partage son manteau en deux, pour en donner la moitié à un pauvre qui lui demande l'aumône près de l'une des portes de la ville d'Amiens. La seconde partie présente deux bas-reliefs : dans l'un, on voit saint Martin revêtu de ses habits pontificaux, au lit de la mort ; l'autre bas-relief offre son tombeau. La troisième et dernière partie du tympan représente le saint évêque de Tours, dont l'ame monte au ciel pour y jouir de la béatitude éternelle.

Sur les deux faces latérales du portail sont placées huit grandes statues, disposées de la manière suivante : 1° Un diacre, un évêque ayant une mître à une pointe, et deux autres évêques portant chacun une mître à deux pointes. Les ornements en sont très riches. De l'autre côté de ce portail, se voit une statue d'évêque, portant la barbe, coiffé d'une mître à deux pointes ; il est accompagné d'un acolyte te-

---

[1] SULPICIUS SEVERUS, *Sancti Martini Turonensis*, cap. II et V de *Virtutibus sancti Martini*. Paris, 1511.

nant un livre ouvert; vient ensuite un autre évêque ayant une mître à une pointe surmontée d'une houppe; il porte sur l'épaule droite un oiseau de proie, attribut qui dans le moyen-âge servoit à distinguer la noblesse de la roture [1]. L'attitude de cet évêque diffère de celle des autres prélats, en ce qu'il a une main sur la poitrine, et que de l'autre il tient son bâton pastoral; ses gants sont richement brodés, et ses doigts sont à découvert. La quatrième figure qui est un acolyte, porte la barbe, et sa tête est nue comme celle de l'autre acolyte; il tient un livre et une crosse; sur son manipule sont tracées des fleurs-de-lis.

Le tympan du portail situé à gauche, sous le porche, présente deux divisions inscrites dans l'étendue du cadre ogive : dans la plus haute, on

---

[1] Le faucon fut pendant long-temps un emblême très expressif de la puissance féodale. Le 15 d'août de chaque année, le seigneur de Maintenon présentoit au chapitre de Chartres, un épervier *sain, entier et prenant proie*, à titre de *foi et hommage envers son seigneur suzerain, dont il tenoit plusieurs fiefs.* Roulliard, *Hist. de l'Egl. de Chartres,* page 173. — Le Trésorier de l'église cathédrale d'Auxerre avoit le droit d'assister à l'office divin les jours solennels, avec un épervier sur le poing : le seigneur de Sassai avoit celui de poser l'oiseau sur le coin de l'autel. Le Beuf, *Mémoires sur l'Histoire ecclésiastique et civile d'Auxerre.* Paris, 1743, tome I, page 766. Voy. dans le *Mercure de France,* juin 1732, page 1248, la prise de possession d'un canonicat dans la cathédrale d'Auxerre, par le seigneur de Chastellux, qui portoit un faucon sur le poing, à sa réception.

aperçoit Jésus-Christ accompagné de deux anges à genoux en adoration devant lui. Le bas-relief de la partie inférieure du tympan, représente le martyre de saint Etienne.

- Les parties latérales du portail sont décorées de plusieurs statues disposées de la manière suivante. A la gauche du spectateur, se voit un guerrier armé de toutes pièces, tenant de la main droite une enseigne militaire, et de la gauche, un bouclier orné de bandes de fer, terminées par des fleurs-de-lis gravées en creux. Ce chevalier portant le nimbe ou cercle lumineux derrière la tête (ainsi que les autres personnages) paroît être Eudes, comte de Chartres. La figure suivante représente un évêque tenant une crosse de la main gauche, et de la droite donnant la bénédiction; à ses côtés sont placés deux clercs servant d'acolytes et tenant chacun un livre placé sur le pectoral. Les livres offrent des couvertures très riches, ainsi que les ornements de leurs tuniques. Le support de la figure de l'évêque est composé d'une église entourée de flammes. Il est vraisemblable que l'on a voulu désigner l'évêque Fulbert, sous l'épiscopat duquel fut incendiée l'église de Chartres [1]. De l'autre côté du portail est

---

[1] L'évêque Fulbert avec ses deux acolytes, ainsi que le comte de Chartres, représentés sous le portique ci-dessus décrit, ont été gravés et font partie de la belle collection des *Monuments français inédits*, etc. Loc. cit. L'auteur de cet ouvrage nous a fourni d'utiles renseignements.

placé un évêque portant les mêmes attributs, et
dans la même action; il est accompagné de deux
acolytes tenant des livres, celui de gauche porte
la barbe. Cet évêque qui a pour support un lion,
est sans doute Thierry ou Théodoric, successeur
immédiat de Fulbert et continuateur des travaux de
cet édifice. La statue suivante représente un guerrier armé à peu près de même que celui qui a été
décrit plus haut, à l'exception qu'il ne porte point
d'enseigne. Plusieurs des évêques qui décorent ces
portiques, portent le *Pallium*, et leurs rochets sont
garnis de mousseline brodée en point à jour d'un
riche dessin.

Au-dessus du grand porche et sur une même
ligne, sont cinq fenêtres au-dessus desquelles est
placée la grande rose, à compartiments en pierre,
enrichie de panneaux de vitres peintes; dans le
grand fronton qui surmonte cette façade, est représenté le triomphe de la Vierge: deux anges l'en-
censent et indiquent les hommages qu'elle reçoit
comme reine du ciel.

Les angles du pignon sont flanqués de deux tourelles octogones surmontées de pyramides en pierre.
On va d'une tourelle à l'autre par une galerie bordée
d'une balustrade en pierre découpée à jour; indépendamment de ces tourelles, il existe du même côté,
trois tours, dont deux sont appuyées sur les murs
latéraux de la croisée de l'église, et accompagnent
le portail auquel elles servent de contre-forts. La
troisième tour est élevée sur la troisième travée du

bas-côté du chœur. Ces tours qui ne sont point ache-
vées, n'excèdent pas la hauteur de la galerie pratiquée au bas du grand comble.

Façade septentrionale.

Toute la partie latérale de l'église, du côté du
septentrion, offre un aspect aussi imposant que celui
du midi. Les piliers butans présentent la même disposition : ils sont aussi décorés de statues [1].

Le portail de ce côté est précédé d'un vaste
porche à trois portiques, formant péristyle, et auquel on monte par un perron composé de sept
marches. Ce porche dont les avant-corps sont décorés de statues, est d'une composition plus sévère
que celui du midi.

Sur le trumeau du portail du milieu, est placée
la statue de la sainte Vierge tenant l'enfant Jésus.
Dans le tympan au-dessus de la porte, sont représentés dans plusieurs bas-reliefs sculptés suivant l'u-
sage de ce temps dans l'étendue du cadre ogive.
1º La Vierge au lit de la mort. 2º Les disciples de

---

[1] Au bas des piliers butans, contre les murs latéraux de la
nef, du midi et du septentrion, sont adossées de misérables
bicoques dont l'aspect hideux dépare l'extérieur de ce bel édifice. Il seroit à souhaiter qu'on s'empressât de faire disparoître
ces baraques ; leur démolition, désirée depuis long-temps, n'a
pu être retardée que par des motifs d'un bien foible intérêt ou
par insouciance. Enfin nous formons des vœux pour que ce beau
monument soit isolé de tout ce qui le dérobe à l'admiration des
amateurs.

Jésus-Christ procèdent à son inhumation en plaçant son corps dans un sépulcre. 3° Dans la partie la plus élevée du tympan, se voit la mère du Sauveur près de son fils bien-aimé, et entourée des anges, des archanges, des saints et des bienheureux qui célèbrent par des concerts de joie, son arrivée dans le ciel. Toute l'étendue de la voussure du porche est remplie de petites figures représentant les trônes et les dominations du ciel.

Les statues qui décorent les faces latérales du portail du milieu, représentent une suite de personnages de l'Ancien et du Nouveau Testament. A la gauche du spectateur, se voit Abraham prêt à immoler Isaac son fils, par le commandement du Seigneur, qui vouloit éprouver sa foi, et vers lequel il tourne la tête. Plus loin Abraham tient un bélier, qu'il vint offrir en holocauste à Dieu. A côté de ce patriarche est Melchisédech, prêtre du très-haut et roi de Salem, tenant un encensoir à la main. Il fut au-devant d'Abraham à son retour de la défaite des rois ligués, lui donna la bénédiction, et offrit à Dieu du pain et du vin en actions de grâces de cette victoire. Abraham donna à ce prince la dixme des dépouilles de ses ennemis.

Sur la face latérale à la droite du spectateur, sont représentés plusieurs apôtres, parmi lesquels on reconnoît saint Pierre en costume d'évêque, portant les clefs suspendues à son bras.

Le tympan placé dans la partie supérieure du portail à droite représente Job couvert d'ulcères, couché sur le fumier et plongé dans la plus profonde misère. Plus loin se voit le démon qui cherche à le tenter en lui promettant beaucoup de richesses; mais de l'autre côté le Seigneur apparoît à Job, pour l'affermir dans sa croyance et l'empêcher de succomber à la tentation. Sous ce bas-relief est représenté le Jugement de Salomon. Dans le contour des arceaux de la voussure de ce portail, sont sculptés plusieurs autres sujets de l'Ancien-Testament parmi lesquels on remarque Samson luttant contre un lion.

Dans le contour de l'ogive de l'avant-corps du porche qui correspond à ce portail, sont sculptés les douze signes du zodiaque, réunion assez singulière d'allégories prises dans les deux religions qui se sont succédées; et sur le deuxième bandeau de l'ogive, les travaux agricoles correspondant aux douze mois de l'année; ces compartiments de figures sont espacés par des trèfles et autres découpures qui décorent toute la voussure de l'avant-corps du porche.

Les deux côtés de ce portail sont ornés de grandes statues.

Dans le tympan du portail situé à gauche sous le porche, sont représentés les sujets suivants : 1° La naissance de Jésus-Christ. 2° Un ange annonçant cette nouvelle aux bergers. 3° Dans la partie supérieure, l'adoration des mages. Dans les contours des arceaux de la voussure du portail, sont représentés du côté droit, les cinq vierges

4

sages tenant leurs lampes droites et pleines; et du côté gauche les cinq vierges folles qui les tiennent renversées : cette allégorie du royaume des cieux, figurée par les dix vierges invitées aux noces des deux époux, a été reproduite sur la plupart des monuments du moyen-âge consacrés au culte, afin de démontrer que la pureté des mœurs est essentielle à ceux qui aspirent aux béatitudes éternelles. Les compartiments de figures de la voussure de l'avant-corps du porche sont espacés de même que le précédent, par des trèfles et autres découpures qui produisent un effet satisfaisant.

Les piédroits des avant-corps du porche, sont décorés de colonnes et de statues dont la plupart sont d'un assez bon style. Elles représentent plusieurs personnages de l'Ancien-Testament, avec leurs noms gravés en caractères gothiques sur les piédestaux [1], tels que David, Salomon, Esther, etc. Autour d'un des piliers, on voit Eliézer serviteur d'Abraham, et près de lui Rébecca, qu'il alla chercher en Mésopotamie pour être l'épouse d'Isaac. Parmi les autres statues on remarque celle d'un prince en habit long, la tête ceinte d'une couronne en

---

[1] On doit regretter que les sculpteurs qui ont exécuté toutes les statues qui décorent les portiques de cet édifice, n'aient pas pris la sage précaution de nous transmettre les noms des personnages qu'elles représentent, comme on a fait à celles citées ci-dessus; nous aurions été à même d'expliquer avec certitude quels sont ceux d'entre ces personnages qui ont contribué par leurs libéralités à la construction de cette église.

forme de diadême, avec un sceptre à la main, que
l'on présume être celle de Pierre de Mauclerc, duc
de Bretagne; à côté de ce duc est la statue d'Alix son
épouse, reconnoissable à sa coiffure bretonne. Plus
loin sont trois autres statues, dont la première en
dehors est un vieillard ayant son manteau sur sa tête
et tenant un rouleau déployé. La deuxième représente un comte, et la troisième une veuve, la main
droite sur la poitrine, et tenant un livre de la
gauche. Une quatrième figure offre un vieillard un
encensoir à la main, c'est Aaron.

De l'autre côté, à l'un des piliers de l'avant-corps
du porche en regard du troisième portail, on voit
la statue d'un comte en habit long; à côté de ce personnage, est un saint vêtu en hermite tenant un
rouleau. A l'autre pilier opposé, sont placées deux
statues représentant les mêmes personnages; à l'angle
opposé et en retour du même pilier, se voit un
évêque qui paroît s'entretenir avec une femme, tenant un livre, et la main élevée : elle a un voile sur
sa tête. Toutes les statues groupées autour des piédroits du porche n'ont point de nimbes, à l'exception de celle de l'évêque.

Ce magnifique porche paroît avoir été bâti à la
même époque que celui du midi, c'est-à-dire, vers
le milieu du douzième siècle, comme l'indiquent
le caractère de son architecture, et le travail des
statues et des ornements [1]. La plupart des sta-

[1] Ces deux porches ont été gravés, et publiés dans les *Monuments français inédits*, etc., déjà cités.

tues qui décorent ces deux porches, sont généralement d'un meilleur style que celles des trois portiques de la façade principale.

La partie supérieure au-dessus de ce porche est percée de cinq grandes fenêtres surmontées par une rose d'un très grand diamètre, à compartiments en pierre, garnis de panneaux de vitres peintes; dans le pignon qui termine la façade de la croisée est représenté l'apothéose de la Vierge, accompagnée de deux anges tenant chacun un encensoir. Les angles de ce pignon sont flanqués de deux tourelles octogones surmontées de calottes en pierre.

Les murs latéraux du croisillon de l'église, sont appuyés de droite et de gauche, par deux tours carrées, dont les sommités sont de niveau avec la galerie qui règne au bas du grand comble. Une autre tour de la même forme que les précédentes, s'élève sur la troisième travée au-dessus des bas-côtés du chœur. Ces trois tours, d'après le système général de l'édifice, devoient être élevées encore d'un étage, et surmontées par des couronnements pyramidaux, comme il y a tout lieu de le présumer; mais la même cause qui, dans beaucoup d'autres églises, a empêché d'achever la seconde tour ou toute autre partie du monument, se sera opposée à ce que celles-ci reçussent leurs sommités; ainsi elles sont restées tronquées [1].

---

[1] C'est presque toujours par le manque de fonds, occasionné par la mort de l'ordonnateur des travaux d'une grande importance, et qui exigent, pour leur exécution, des sommes et un

La couverture du grand comble est en plomb. Cet édifice découvert en grande partie en l'an II (1794) pendant les événements de la révolution, est resté exposé aux injures de l'air, aux intempéries des saisons, jusqu'en l'an V (1797), époque à laquelle plusieurs habitants de Chartres entreprirent de le faire recouvrir à leurs frais ; depuis ce temps, la couverture en plomb a été parfaitement entretenue par les administrateurs de la fabrique de l'église, qui l'on fait totalement réparer en 1824 [1].

La charpente du grand comble vulgairement appelée *la forêt,* par rapport à l'immense quantité de bois qu'elle renferme, est construite en châtaignier du plus fort équarrissage, dont on faisoit autrefois un très grand emploi pour les combles et beffrois des édifices religieux. Les combles de cette église ont de hauteur perpendiculaire, depuis l'extrados de la voûte jusqu'au faîtage, 44 pieds. Leur construction mérite l'attention des amateurs. L'assemblage de chaque ferme se compose d'un entrait d'un poinçon, de deux chevrons, et de deux croix de Saint-André, servant à contre-bouter les fermes.

Avant les événements de la Révolution, il existoit au-dessous du comble, deux petits clochers,

_____

temps considérables, que la plupart de nos anciens monuments sont restés imparfaits.

[1] On a changé à cette époque la disposition des nappes de plomb de la couverture : précédemment, elles étoient placées horizontalement. Toutes les nappes ont été mises dans leur longueur, sur le plan incliné de la toiture, afin de donner moins de prise aux vents qui les soulevoient auparavant.

dont l'un situé sur le centre de la croisée, contenoit un instrument en bois appelé *grue*, qui servoit pour assembler les fidèles à l'église pendant les jours de la semaine sainte où l'on ne sonne point les cloches : c'étoit dans ce clocher du centre qu'étoit jadis l'ancien timbre de l'horloge. L'autre clocher, placé vers le milieu de la toiture du chœur, contenoit six petites cloches appelées *commandes*, parce qu'elles servoient durant la célébration du service divin, pour avertir les sonneurs de mettre en branle les grosses cloches des deux grands clochers.

Au-dessus du rond-point du chœur, au lieu d'une croix, est placé un ange en plomb doré, plus grand que nature et tournant sur pivot pour servir de girouette.

On peut circuler facilement autour du grand comble, par le moyen d'une galerie bordée d'une balustrade en pierre, formant une large frise ou ceinture horizontale qui surmonte cet édifice de toutes parts. La partie de cette galerie qui se trouve en face de chaque arc-boutant, présente des demi-lunes pratiquées sur des encorbellements en forme de culs-de-lampes. Une autre galerie avec balustrade en pierre, donne également la facilité de circuler au-dessus des voûtes des bas-côtés de la nef et des chapelles autour du chœur. Huit escaliers servent pour monter dans toutes les parties de ce monument, savoir : un dans chaque clocher ; et les six autres escaliers sont pratiquées dans les tours élevées, sur les parties latérales de l'église. On compte

378 marches pour arriver jusqu'à la lanterne du clocher-neuf.

Après avoir décrit tout ce que l'architecture et les décorations extérieures de ce temple offrent de curieux et d'intéressant, nous allons pénétrer dans son intérieur, où de nouveaux objets appellent l'attention et fixent les regards.

INTÉRIEUR DE L'ÉGLISE.

En entrant dans ce temple on se livre nécessairement aux sensations que son aspect fait naître. L'admiration y devient pour ainsi dire contemplative, et pénètre l'ame d'un pieux recueillement. Sa vaste étendue, sa noble simplicité, la hauteur de ses voûtes, le jour mystérieux qui perce à travers de magnifiques vitraux peints, produisent un effet magique qui n'est pas sans intérêt et sans charmes. L'intérieur de cette basilique se distingue principalement par l'unité de ses dimensions. Sa largeur parfaitement en proportion avec sa hauteur, diffère en cela de celle des autres basiliques (d'une construction postérieure), toujours trop étroites, par rapport à la prodigieuse élévation de leurs voûtes. La sévérité de style observée, tant à l'extérieur que dans l'intérieur du vaisseau, ne lui a rien fait perdre de cette hardiesse et de cette grâce qui distinguent si éminemment l'architecture désignée sous le nom de gothique.

Aux sentiments de respect et d'admiration qu'ins-

pire l'aspect de ce temple, vient se joindre le souvenir des faits mémorables qui s'y sont passés par
suite d'une dévotion particulière envers la sainte
Vierge. On a vu y accourir pendant plusieurs siècles,
une multitude de personnages de tout âge et de toute
condition, attirés dans ce lieu par la vénération particulière qu'ils avoient pour la patrone de l'église
de Chartres, et qui s'est perpétuée jusqu'à nos jours.
On se représente la foule de pélerins qui assiégeoient
les portiques de ce temple pour obtenir la grâce
d'être admis dans son enceinte. Plusieurs rois de
France y sont venus en pélerinage. Après la bataille
de Mons-en-Puelle, gagnée sur les Flamands le
18 août 1304, Philippe-le-Bel, en reconnaissance de
cette victoire, fit hommage à la Vierge de l'armure
qu'il portoit le jour de la bataille [1]. Philippe de

---

[1] Philippe-le-Bel fonda dans l'église de Chartres, un service
sous le nom de *Notre-Dame de la Victoire*, et affecta à cette
fondation une rente annuelle et perpétuelle de cent livres. En
1367, Charles V, dans la vue de décharger le trésor de l'Etat
de cette redevance, donna au Chapitre de Chartres la terre des
Barres, située dans la commune de Béville-le-Comte, pour l'ac-
quit de cette fondation et de plusieurs autres, que fit ce prince.
Ces fondations furent réunies le 18 août, jour où l'on célébroit
la fête *commémorative de la victoire de Philippe-le-Bel*. A cette
époque on exposoit autrefois à l'un des piliers de la nef qui fait
face au chœur du côté droit, l'armure dont ce prince avoit fait
hommage à la Vierge. Cette armure et les vêtements qui en dé-
pendent sont déposés dans la bibliothèque publique de Chartres :
ils consistent en un casque couronné, une cotte de mailles, des
brassards, des gantelets, des cuissards et une camisole d'une

Valois vint à Chartres pour rendre grâces à la mère du Sauveur, de la victoire éclatante qu'il avoit remportée à Cassel le 23 août 1328 [1].

Enfin l'on se rappelle que ce fut dans cette basi-

étoffe rouge piquée et cotonnée. Indépendamment des objet que je viens de désigner, on voyoit avant la Révolution, dans la cathédrale de Chartres, une cotte d'armes de velours violet, semée de fleurs-de-lis brodées en or, ainsi qu'une épée et une ceinture de velours noir garnie de perles, dépendantes de la même armure : ces derniers objets ont disparu sans que leur destination ait été connue, car ils ne sont pas parmi ceux que nous avons désignés. Je ferai observer que l'armure conservée dans la bibliothèque de cette ville, n'est pas celle de Philippe-le-Bel ; elle ne peut avoir été propre qu'à un jeune homme de treize à quatorze ans, et ce jeune homme, suivant toute apparence, paroît être Charles de Valois, fils de Philippe-le-Bel, que ce monarque envoya à Chartres pour acquitter le vœu qu'il avoit fait sur le champ de bataille.

Souchet dit avoir vu contre le dernier pilier de la nef, à droite, un grand cheval *bardé*, sur lequel étoit la représentation d'un roi armé de toutes pièces. Ce monument, érigé en mémoire de la victoire de Philippe-le-Bel, est tombé de vétusté, comme le dit cet auteur dans son *Histoire manuscrite de Chartres* ; bibliothèque du Roi, dépôt des manuscrits. M. Souchet, chanoine de la cathédrale de Chartres, mourut en 1654.

[1] Philippe de Valois entra (disent les historiens) dans la cathédrale de Chartres, revêtu de l'armure et monté sur le même cheval qu'il avoit à la bataille de Cassel ; d'après son vœu, il présenta l'un et l'autre devant l'autel de la sainte Vierge, et les racheta ensuite suivant l'usage de ce temps, pour la somme de mille livres. Souchet, *Histoire manusc. de Chartres*.

lique que le vainqueur de la Ligue courba son front victorieux pour y recevoir l'onction des mains de Nicolas de Thou [1]; que ce prince le meilleur des rois, jura dans son cœur la félicité des Français qui chériront toujours sa mémoire, comme ils conserveront éternellement le souvenir de ses vertus. L'Europe entière ne cessera de l'offrir pour modèle aux rois qui voudront faire le bonheur de leurs sujets.

Cet édifice a de longueur dans œuvre 396 pieds, sur 103 pieds de largeur d'un mur à l'autre, et 106 pieds de hauteur sous clef de voûte.

La longueur de la nef depuis la porte royale jusqu'à la grille du chœur, est de 222 pieds, sur 46 pieds de largeur d'un mur de face à l'autre. La nef est accompagnée de deux bas-côtés formant péristyles de droite et de gauche, de chacun 25 pieds 8 pouces de largeur sur 48 pieds de hauteur sous

---

[1] Nicolas de Thou fut évêque de Chartres, depuis l'année 1573 jusqu'en 1599.

La ville de Reims étant au pouvoir de la Ligue, Henri IV prit la résolution de se faire sacrer à Chartres. Cette cérémonie eut lieu le 27 février 1594; et comme il étoit impossible de se procurer la Sainte-Ampoule de Reims, on fit venir celle de Marmoutiers. Henri IV dit à cette occasion : « Je veux oster » tout scrupule à mes subjets, et satisfaire à l'ancienne coustume des François : que pour faire cognoistre de plus en plus » au peuple, que celui-là, quoique bien légitime, voulant » monter au trône, doit estre sacré pour prouver qu'il est » véritablement persuadé de la religion de ses ancêtres. ».

clef de voûte ; le sol de ces péristyles étant plus élevé que celui de la nef, on y monte par plusieurs marches, dont le nombre à chaque travée est subordonné à la pente plus ou moins grande du pavé de la nef. Ces bas-côtés éclairés par une suite de grandes fenêtres garnies de vitres peintes, sont doubles derrière le chœur, et le second bas-côté est plus élevé que le premier, d'une marche.

La croisée a de longueur depuis une porte jusqu'à l'autre, 195 pieds, sur 40 pieds de largeur ; elle est accompagnée de deux bas-côtés formant équerre avec ceux de la nef.

Les murs de face de l'entrée de la nef entre les deux clochers, sont aussi remarquables par le caractère de leur ancienne construction, que par la singularité du style des arcades et des chapiteaux des colonnes qui en décorent les bases. Deux portes percées au bas, conduisent sous chacune des tours, dont l'intérieur est voûté en ogive.

Les deux faces latérales de la nef, sont percées de sept grandes arcades ogives sur deux rangs de piliers de 8 pieds 6 pouces de diamètre, ornés sur chaque face, de colonnes engagées. Ces piliers étoient autrefois décorés des statues des douze apôtres qui avoient huit pieds de proportion : elles ont été détruites pendant la Révolution. Le retour d'équerre des deux parties latérales de chaque croisée présente trois arcades de front sur chaque face.

La nef et les bas-côtés sont pavés en dalles de pierres de Berchères fort mal assorties entre elles, et

qui présentent un pavage irrégulier et désagréable
à l'œil. L'ancien Chapitre avoit projeté de le faire
renouveler en entier, mais les événements de la Révolution en empêchèrent l'exécution [1]. Le pavé de
la nef a une pente assez sensible qui commence vers
l'extrémité de la nef du côté du chœur et finit à la
porte royale [2].

On voit au milieu de la nef, un labyrinthe exécuté en pierre bleue de Senlis; les Chartrains l'appellent communément la *Lieue*; il a 768 pieds de
développement depuis l'entrée jusqu'au centre. On
appelle labyrinthe un compartiment de pavé, formé
de plates-bandes, droites ou courbes, de pierres de
différentes couleurs qui, par la variété de leurs contours, imitent le plan des labyrinthes. Les chrétiens
ont emprunté des anciens et surtout des Égyptiens

---

[1] Si ce pavage eut été exécuté, nous aurions peut-être à
regretter aujourd'hui la destruction du curieux labyrinthe qui
fait l'ornement du pavé de la nef.

[2] Voici ce qui a donné lieu à la pente qui existe dans le pavé
de la nef. Pour faciliter les moyens de nettoyer et laver l'église
dans les temps où l'affluence des pèlerins étoit considérable et
continuelle, on imagina de relever le pavé dans certaines parties et de le baisser dans d'autres, afin de donner une pente
suffisante pour l'écoulement des eaux : voilà pourquoi, dans les
parties basses de la nef, on est obligé de monter quelques degrés pour arriver aux bas-côtés. Il est aisé de s'apercevoir que
ce travail a été fait postérieurement à la construction de l'édifice, puisque les bases des piliers qui le soutiennent, se trouvent
enterrées proportionnément à l'élévation plus ou moins grande
du pavé.

l'usage d'en orner le pavé des basiliques. Chez les Chrétiens, ces labyrinthes étoient considérés comme l'emblême du temple de Jérusalem ; à l'époque des Croisades on y faisoit des stations qui tenoient lieu du pélerinage de la Terre-Sainte, comme cela s'observoit dans la cathédrale de Reims au treizième siècle.

A l'un des piliers de la nef est adossée une chaire en bois, dans laquelle on monte par deux escaliers tournants. Elle a été exécutée en 1811, sur les dessins du sieur Guittard, maître menuisier de Chartres, qui l'a lui-même construite.

L'intérieur de cette église est éclairé par deux rangs dé grandes fenêtres, et par trois grandes roses garnies de vitres peintes qui répandent dans son enceinte ce clair-obscur, ce demi-jour qu'on aime à rencontrer dans les édifices consacrés à la divinité. Le Chapitre de Chartres, peu sensible à cette impression mélancolique que produit l'obscurité des lieux saints, a fait substituer dans le chœur à l'époque de ses embellissements en 1772 et 1773, plusieurs panneaux de vitres blanches à ceux de couleur, ce qui produisit une disparate choquante [1].

---

[1] Au lieu de conserver à l'intérieur de cette basilique cette teinte vénérable qu'elle avoit reçue des siècles, le Chapitre, vers 1772, la fit blanchir par les sieurs Borani, milanais, qui ont indiqué par des traits au pinceau les différentes coupes des pierres. Depuis quelques années on a blanchi fort inutilement la partie centrale de la croisée ; mais le badigeon dont on s'est servi ayant été poussé à l'ocre jaune, il en résulte une discordance choquante avec la teinte générale du reste de l'édifice.

Les grands vitraux de la nef, de la croisée, du chœur, des bas-côtés et des chapelles, sont ornés de figures représentant plusieurs saints personnages, un grand nombre de sujets de l'ancien et du nouveau Testament, et des tableaux sur lesquels sont figurées les corporations d'arts et métiers qui ont contribué, soit par leurs cotisations ou par des travaux manuels, à la construction de ce superbe édifice. Dans les parties circulaires en forme de rose, qui surmontent les pans de vitres de la partie supérieure de l'église, sont représentés des rois, des ducs, des comtes, des barons, armés de pied en cap, ayant chacun leur écu chargé d'armoiries, et montés sur des chevaux richement harnachés et caparaçonnés : tous ces personnages sont pour la plupart des bienfaiteurs de cette église.

EXPLICATION

DES SUJETS PEINTS SUR LES VITRES DE LA PARTIE SUPÉRIEURE DE L'ÉGLISE [1].

Fenêtres de la façade principale.

Le sujet représenté dans les interstices de la grande rose au-dessus de la porte Royale, est le *Ju-*

---

[1] Les détails de cette explication, ainsi que plusieurs autres, m'ont été fournis par M. Hérisson, avocat et bibliothécaire de la ville de Chartres. Je décris ces vitraux en commençant par ceux de la façade principale, et suivant le côté septentrional de l'église, je reviens par la partie méridionale jusqu'au clocher-vieux.

gement dernier; dans la rosette du centre, est placé sur un nuage le Père-Eternel. Les douze médaillons enchâssés dans les intervalles des compartiments de la rose, présentent les douze apôtres. Douze autres médaillons offrent des personnages de diverses conditions, attendant de la divinité l'arrêt de leur destin.

La grande croisée placée au-dessous de la rose est ornée des sujets suivans : 1º La sainte Vierge. 2º L'entrée de Jésus-Christ dans Jérusalem, et les traits principaux de sa vie formant vingt-cinq sujets. La croisée à droite sous la rose, contient dans quatorze panneaux, les circonstances de la vie de Jésus-Christ. L'autre croisée placée à gauche offre l'arbre de Jessé ou la généalogie de la Vierge, et vingt-deux sujets parmi lesquels on remarque quatorze prophètes.

Fenêtres du côté du septentrion, depuis le clocher-neuf.

Première fenêtre. Dans la partie circulaire en forme de rose est un évêque. Les panneaux de la première forme représentent trois sujets de la tentation de Jésus-Christ. Deuxième forme, trois prophètes.

2e Fenêtre, rose, un évêque. 3e forme, saint Laurent. 4e forme, saint Etienne. Un tisserand travaillant de son état.

3e Fenêtre, rose, saint Nicolas. 5e forme, des évangélistes et des ouvriers dont l'un tient une espèce d'aumusse. 6e forme, saint Nicolas. Trois cor-

royeurs ou parcheminiers, dont deux tirent le bout
d'un cuir passé dans une boucle.

4ᵉ Fenêtre, rose, la Vierge couronnée. 7ᵉ forme,
plusieurs prophètes ou apôtres. 8ᵉ forme, un pro-
phête. Trois personnes qui comptent de l'argent
sur une table; ce sont vraisemblablement des changeurs.

5ᵉ Fenêtre, rose, saint Georges. 9ᵉ forme, *Sanctus Egidius*. 10ᵉ forme, le martyre de saint Georges.

6ᵉ Fenêtre, rose, trois personnages, l'un tient
le manche d'une charrue et laboure, le deuxième
conduit les chevaux, et le troisième parle au premier. 11ᵉ forme, Jésus-Christ et le sacrifice d'A-
braham. 12ᵉ forme, les mêmes personnages.

7ᵉ Vitrage, rose, la sainte Vierge. 13ᵉ forme,
Sanctus Martinus. 14ᵉ forme, saint Martin donne à
un pauvre qui lui demande l'aumône, une partie de
son manteau.

Fenêtres de la croisée septentrionale.

8ᵉ Fenêtre, rose, la sainte Vierge. 15ᵉ forme, le
Père éternel reçoit la sainte Vierge dans le ciel. Un
écu d'azur semé de France au lambel de cinq pen-
dans de gueules. 16ᵉ forme, naissance de la sainte
Vierge. Un homme à genoux devant une croix; sur
sa soubreveste, sont les mêmes armoiries citées-ci-
dessus. On lit autour l'inscription suivante : P. V.
COMTE DE CLERMONT EN BEAUVOISIS.

Philippe, comte de Clermont, de Mortain, de
Boulogne et de Dammartin, fils de Philippe Au-

guste et d'Agnès de Méranie sa troisième femme, naquit en 1200. Il assista en 1226 au sacre de saint Louis son neveu, à Reims où il portoit l'épée royale, et mourut au tournois qui eut lieu à Corbie en 1233, et fut enterré à l'abbaye de Saint-Denys. Il avoit épousé Mahaut, comtesse de Boulogne.

9e Fenêtre, rose, un chevalier portant les mêmes armoiries que celles du personnage précédent. C'est la représentation du même Philippe, comte de Boulogne, revêtu de son armure. 17e forme, la visitation de la Vierge. Une femme à genoux portant sur son vêtement les mêmes armoiries que celles ci-dessus désignées, avec cette inscription : MAHAUT. Mahaut, comtesse de Boulogne et de Dammartin, fille unique et héritière de Renaud, comte de Dammartin, et de Ide, comtesse de Boulogne, épousa, en 1216, Philippe, comte de Boulogne; en 1233, elle fit hommage au roi du comté de Boulogne qui lui étoit échu par sa mère. Devenue veuve, elle se remaria en 1235 avec Alphonse III, roi de Portugal, qui finit par la répudier. Elle mourut vers l'an 1258.

18e Forme, saint Joseph et la sainte Vierge. Une femme à genoux : sur son vêtement sont des armoiries semblables à celles de la précédente. On y lit le nom suivant : JEHANNE. Jeanne de Boulogne, comtesse de Clermont et d'Aumale, fille de Philippe comte de Clermont et de Mahaut de Boulogne, épousa en 1245, Gaucher de Chastillon, seigneur de Montjay, et mourut sans enfants en 1251.

5

10e Fenêtre, 19e et 20e formes; elles sont vitrées en verre blanc.

La grande rose placée au-dessus du portail du côté du septentrion, est divisée en plusieurs compartiments dont les intervalles sont garnis de vitres peintes. Dans la rosette du centre se voit la sainte Vierge debout, tenant son fils. Les panneaux enchâssés entre les compartiments présentent douze rois de l'Ancien-Testament; douze bannières de France, et les douze petits prophètes, Osée, Joël, Amos, Abdias, Jonas, Michée, Nahum, Habacuc, Sophonie, Aggée, Zacharie, et Malachie.

Huit formes au-dessous de la rose, dont quatre sont semées de France et quatre semées de Castille dentelées. Des cinq grandes formes de vitres placées au-dessous, celle du milieu représente sainte Anne avec cette inscription: AVE MATER ANNA. Sous cette figure est un écu aux armes de France.

11e Fenêtre, rose, le Père-Eternel. 21e forme, deux apôtres. 22e forme, deux autres apôtres.

12e Fenêtre, rose, un prêtre à genoux devant un calice. 23e forme, deux apôtres. 24e forme, deux autres apôtres.

13e Fenêtre, rose, la création du monde. 25e forme, saint Eustache. Un chevalier portant un écu gironné d'argent et de gueules de 12 pièces au lambel de 5 pendants d'azur. Ce personnage est Jean, duc de Bretagne, fils de Pierre Mauclerc, né en 1217. Saint Louis le fit chevalier à Melun; le duc lui fit en même temps hommage-lige du duché de

Bretagne, au mois de mars 1239; il suivit ce roi dans son deuxième voyage d'Afrique, et se trouva au siège de Tunis, en 1270. Enfin il mourut en 1286, laissant plusieurs enfants qui lui succédèrent.

26ᵉ forme, la nativité de Jésus-Christ et l'adoration des Mages. Une femme debout portant les mêmes armes que le personnage ci-dessus désigné. C'est Yolande de Bretagne ayant les mains jointes. Cette princesse, fille de Pierre Mauclerc, d'abord promise à Richard d'Angleterre, comte de Cornouailles, puis accordée à Jean de France, comte d'Anjou, en 1227, fut mariée en 1238, avec Hugues XI, dit *le Brun*, sire de Lusignan, comte de la Marche et d'Angoulême. Elle mourut à Bouteville, le 10 octobre 1272, laissant plusieurs enfants.

Fenétres du Chœur.

14ᵉ Fenêtre, rose, Jésus-Christ sur un trône. 27ᵉ forme, la sainte Vierge tenant son fils. Un écu parti au premier de Bar qui est d'azur à deux barres adossées d'or semé de croix recroisettées d'or au deuxième de gueules à cinq annelets d'or, 2 et 1. 28ᵉ forme, plusieurs pèlerins. Un ecclésiastique à genoux revêtu d'une aube, ayant un collet rouge et un manipule, et présentant une espèce de patène, autour de laquelle est gravée cette inscription : Robertus de Baron, Carnotensis Cancellarius; c'est probablement le donateur de cette vitre.

15ᵉ Fenêtre, rose, un cavalier armé tenant un

5 *

guidon aux armes de Castille, suivi d'un lévrier. Ce personnage est Ferdinand III, roi de Castille, mort en 1252. 29ᵉ forme, saint Jean-Baptiste, devant lequel est une femme portant une couronne crénelée ou sommée de tours, avec cette inscription au-dessous : *D. n. a. a.* Joh. Baptista. Domina Johannes Baptista. 30ᵉ forme ; saint Jacques. Un roi couronné parlant à saint Jacques ; on lit l'inscription suivante : Rex Castiliæ. Un écu de gueules chargé d'une tour, sommé de trois châteaux d'or, qui est de Castille, autour cinq barons d'or et d'argent. Ce personnage est Ferdinand III, roi de Castille. (Voyez ci-dessus.)

16ᵉ Fenêtre, rose, un chevalier portant une bannière, aux armes d'azur, semée de croix pommetées ou treflées d'or à la bande d'argent. C'est la représentation de Thibaut VI, dit le Jeune, comte de Blois, mort en 1218. 31ᵉ forme, saint Martin. Un homme à genoux devant lequel sont les armoiries ci-dessus désignées, d'azur semé de croix treflées à la bande d'argent. Ce personnage est Louis comte de Sancerre, sixième comte de Blois, qui, vers l'année 1220, épousa Blanche de Courtenay, fille de Robert de Courtenay, Bouteiller de France, de laquelle il eut plusieurs enfants. 32ᵉ forme, saint Martin. Un homme à genoux devant lequel sont les armoiries ci-dessus : c'est Bouchard, seigneur de Marly, cadet de la maison de Montmorency, ainsi que Mathieu de Marly et leurs épouses. Ils passèrent un accord avec le Chapitre de l'église cathédrale de

Chartres en juillet 1212. Le titre scellé de leurs sceaux, se trouve dans le chartrier de cette église, conservé avec beaucoup d'autres manuscrits, dans la bibliothèque publique de Chartres.

17ᵉ Fenêtre, rose, un cavalier armé, portant la bannière de France : c'est la représentation du roi saint Louis (1270). 33ᵉ forme, saint Denys, et saint Louis à genoux présentant un reliquaire; près de ce prince est un écu aux armes de France. Un autre personnage à genoux près duquel sont les armes de France; c'est Louis, fils aîné de saint Louis. Il naquit le 21 septembre 1243, mourut à Paris en 1260, et fut inhumé à l'Abbaye de Royaumont.

35ᵉ Forme, Jésus-Christ apparaissant à saint Pierre. Dans un autre panneau, il donne les clefs à saint Pierre. Le peintre verrier a placé une thiare sur la tête de ce dernier, et l'a décoré du *Pallium*. Quatre personnes, dont l'une tient une balance et pèse sur un comptoir, un vase d'or; près de ce comptoir est un autre personnage portant la main sur un monceau d'argent monnoyé; proche et vers le milieu, est un vase d'or; à l'autre extrémité, sont deux personnes, dont l'une prend des pièces d'argent d'un autre monceau pour les donner à un personnage portant un capuchon sur sa tête, et une bourse à la main.

36ᵉ forme, l'ange couvert d'yeux, de l'Apocalypse; REX DAVID.... Un boucher tuant un bœuf, un porc est pendu à un crochet.

37ᵉ forme, un ange qui encense la Vierge. Geof-

froy avec son fils tenant une coupe et un encensoir ;
plus loin est sa femme, près d'elle un homme tenant une espèce de bannière : on lit le nom suivant :
GAUFRIDUS.

38e Forme, la sainte Vierge debout tenant son
fils. Deux hommes portent une corbeille pleine de
pains.

39e Forme, un ange qui encense la Vierge. Deux
hommes portent une corbeille pleine de pains.

40e Forme, l'ange de l'Apocalypse couvert d'yeux.
Une personne près d'un ballot, accompagnée d'une
autre qui le lie. Près d'elles' sont deux marchands
pelletiers placés à un comptoir, avec des espèces
d'aumusses; l'un porte un capuchon sur sa tête.

41e Forme, Dieu-le-Père et le Saint-Esprit, placés
au-dessus de Jésus-Christ, baptisé par saint Jean.

Trois personnes qui pèsent et comptent de l'or et
de l'argent. Sur le milieu d'un comptoir est un vase
d'or; et à l'extrêmité un homme portant la main sur
un monceau de pièces d'argent; à l'autre extrêmité
un autre homme verse des pièces d'or qui tombent
d'un vaisseau ressemblant à une cornue. L'un des
personnages qui pèsent de l'or, porte un chaperon
sur sa tête. Ce sont des changeurs.

18e Fenêtre, rose, un chevalier portant un écu
de gueules au lion d'argent ou cheval effrayé, avec
un guidon dauché d'argent et de gueules de l'un et
de l'autre. C'est la représentation d'Amaury VI,
comte de Montfort, connétable de France en 1231,
sous le règne de saint Louis. Le connétable de

Montfort continua la guerre contre les Albigeois (accusés de renouveler les erreurs des Manichéens et des Ariens), après la mort de son père arrivée en 1234, et confirma une donation faite au Chapitre de l'église de Chartres. Il mourut en 1241.

42e Forme, saint Barthélemy, avec cette inscription : SANCTUS BARTOLOMEUS. Un homme armé, dans une attitude suppliante ; derrière lui est placé un écuyer, tenant d'une main une gaule et de l'autre conduisant un cheval ; cet écuyer porte un écu de gueules à trois besans d'argent, deux et une ; au-dessus est l'inscription suivante : WILLELMUS. Le premier personnage représenté sur cette vitre, est Guillaume de la Ferté-Hernaud, dans le Perche. Il fit une concession à l'abbaye de Saint-Père de Chartres, étant à la Ferté. Dans un titre du mois de mai 1207, et dans un autre de 1221, il confirma une donation de dîmes faite par les abbés et religieux de cette abbaye à maître Jean Lambert. Ces titres sont conservés dans la bibliothèque de Chartres parmi ceux de l'abbaye de Saint-Père.

43e Forme, la sainte Vierge tenant un sceptre fleuri. Un écu d'azur diapré ou br odé de compartiments d'or, à la bande d'argent cotoyé de deux cotices d'or au lambel de cinq pendants de gueules.

19e Fenêtre ; la rose ou partie circulaire qui surmonte les deux formes de vitres, représente un chevalier portant un écu de gueules au lion d'argent avec un guidon danché d'argent et de gueules de l'un et de l'autre. Ce chevalier est Simon de Montfort, comte de Leicester, frère du connétable de ce nom ; il vivoit vers l'année 1250.

44ᵉ Forme, saint Vincent. Un ecclésiastique à genoux et les mains jointes devant un oratoire, est placé au bas du vitrage. Sur deux bandes rouges se lit l'inscription suivante : PETRUS BAILLARD..... Pierre Baillard, chanoine de la cathédrale de Chartres, revêtu de ses habits canoniaux, donateur de cette vitre, mort en 1142.

45ᵉ Forme, saint Paul. Deux personnages tenant chacun de leur côté une espèce de cuir passé dans une boucle, d'où pend un morceau d'étoffe rouge ; il est vraisemblable que ces ouvriers sont des selliers : le lieu de la scène offre l'entrée d'une ville, dont les murs sont crénelés, et la porte flanquée de deux guérites ou tourelles.

20ᵉ Fenêtre, un chevalier portant un écu d'or à trois tourteaux de gueules au lambel de cinq pendants d'azur qui est de Tanlay. Ce personnage à cheval offre la représentation de Pierre de Courtenay, seigneur de Conches, Mehun, Selles, et Château-Renard, fils de Robert de Courtenay, seigneur de Champignelles, bouteiller de France, deuxième fils de Pierre de France, seigneur de Courtenay, dernier des enfants de Louis VI dit le Gros. Robert eut pour frère aîné Pierre, seigneur de Courtenay, empereur de Constantinople. Pierre de Courtenay fit hommage à saint Louis, dans la ville de Mantes, de la seigneurie de Conches en juin 1238, et mourut en Egypte à la suite de la bataille de la Massoure qui eut lieu le 8 février 1250. Il avoit épousé Perre-nelle de Joigny, dont il n'eut qu'Amicie de Cour-tenay, femme de Robert II, comte d'Artois, en 1259. 46e forme, le martyre de saint Eustache dans le bœuf-ardent. Un chevalier armé, à genoux de-vant une croix ; derrière lui est un écu d'or à trois tourteaux de gueules, au lambel de cinq pendants d'azur. C'est le même Pierre de Courtenay dont il a été parlé ci-dessus.

47e Forme, le martyre de saint Laurent, exposé sur un gril.

Un homme à genoux dans l'attitude de la prière, vêtu d'une tunique ; derrière lui sont les mêmes ar-moiries qu'à la rose et à la 46e forme ; c'est Raoul de Courtenay, seigneur d'Illiers et de Nervy, frère de Pierre de Courtenay seigneur de Conches. Il vendit Illiers à Robert de Courtenay son frère, doyen de l'église de Chartres, en 1247, et depuis évêque d'Orléans. Raoul de Courtenay accompagna Charles de France, comte d'Anjou, à la conquête du royaume de Naples, et qui lui donna le comté de Chiéti. Il mourut en 1271, et ne laissa qu'une fille ; mais sa postérité fut continuée en la personne de Guillaume de Courtenay, son frère, seigneur de Champignelles qui accompagna saint Louis en Afrique.

21e Fenêtre, rose, un chevalier portant un écu d'or à deux léopards ou deux lions mal dessinés, de gueules.

48e Forme, l'adoration des Mages. Un homme à

genoux; derrière lui sont les armes de Montmorency, d'or à la croix de gueules cantonnée de
quatre aigles ou allérions d'azur.

49ᵉ Forme, la fuite en Egypte. Deux figures représentant des ouvriers; entre eux est un panneau,
sur lequel sont des armoiries échiquetées d'argent et
d'azur; au-dessus est l'inscription suivante : *Vitera
Colina de Camera Regis.*

Croisée méridionale.

22ᵉ Fenêtre, saint Jean-Baptiste, représenté dans
la rose au-dessus des deux formes de vitres. 50ᵉ
forme, SANCTUS CHRISTOPHORUS. SANCTUS NICASIUS.
Une figure debout avec le nom suivant : IDEFROI.
51ᵉ forme, Henri Clément, seigneur d'Argenton et
du Mez, maréchal de France, recevant l'oriflamme
des mains de saint Denys placé debout devant lui,
avec son nom écrit en caractères gothiques. SANCTUS
DYONISIUS. Dans un titre de l'abbaye de Saint-Denys,
daté du mois de février 1263, il est désigné ainsi :
» *Herris Marichaut de France, sire d'Argenton et
de Mez,* chevalier. Il mourut en 1265.

Un écu d'azur à la croix ancrée d'argent à la
bande de gueules, et à la bordure de gueules.

23ᵉ Fenêtre, rose, la sainte Vierge devant laquelle est une femme vêtue d'hermine, représentant
Alix, comtesse de Bretagne, fille aînée et héritière
de Guy de Thouars, comte de Bretagne, à cause
de Constance sa femme, fut mariée en 1213 à Pierre

de Dreux dit *Mauclerc*, duc de Bretagne; elle mourut le 11 août 1221, et fut inhumée à l'abbaye de Villeneuve, près de Nantes. Alix laissa trois enfants de son mariage, Jean, Artus et Yolande.

52ᵉ Forme, SANCTUS COSMA, debout. Un personnage en pied avec le nom suivant: IDEFROI. 53ᵉforme, SANCTUS GERVASIUS, SANCTUS PROTASIUS placés tous deux debout. Dans la même forme, est représenté Pierre de Dreux, surnommé *Mauclerc* [1], les mains jointes et dans l'attitude de la prière, portant une cotte d'armes aux armes de Dreux, échiquetée d'or et d'azur au franc quartier d'hermines [2]. Pierre de Dreux duc de Bretagne, comte de Richemont, deuxième fils de Robert II, comte de Dreux, et d'Yolande de Coucy, sa deuxième femme, épousa Alix de Bretagne en 1213, et se distingua dans plusieurs actions mémorables. Il accompagna Thibaut, roi de Navarre, en 1239, dans la guerre qu'il fit contre les Sarrasins. A son retour, il assista à la fameuse assemblée convoquée par saint Louis pour résoudre le voyage d'outre-mer; il accom-

---

[1] Claude Blondeau, dans sa *Bibliothèque canonique*, dit qu'on le surnomma Mauclerc (synonyme d'ignorant), parce qu'il fut un des premiers qui s'opposèrent aux entreprises des ecclésiastiques sur la juridiction séculière.

[2] Pierre de Dreux, dit *Mauclerc*, passe pour avoir été le premier qui ait fait entrer des *hermines* dans la composition de ses armoiries. *Traité des Marques nationales*, par BÉNETON DE PEYRINS. Paris, 1739, pages 47 et 48.

pagna ce roi, qu'il servit dignement à la bataille de la Massoure. Enfin, il mourut sur mer au retour de cette expédition, le 22 juin 1250. Son corps fut porté à Braine-le-Comte, près de Soissons, et inhumé dans l'église de Saint-Yved de cette ville.

24e Fenêtre, rose, la sainte Vierge, vêtue de bleu, tenant son fils. 54e forme, un prophète. Les armes de Dreux décrites ci-dessus. 55e forme, le prophète Osée, écrit OSSÉE. Un personnage à genoux dont le nom est inconnu.

La grande rose placée au-dessus du portail méridional, est divisée en plusieurs compartiments très délicatement découpés, et dont les interstices sont garnis de vitraux peints. Dans le centre de la rose, est représenté le Sauveur du monde assis sur un trône et donnant la bénédiction de la main droite. Les intervalles des compartiments en pierre sont ornés dans leur circonférence des figures suivantes : 1° Huit anges, et les quatre animaux, symboles mystiques des quatre évangélistes. 2° Les vingt-quatre vieillards de l'Apocalypse. 3° Douze bannières aux armes de Dreux.

Dans les cinq grandes formes de vitres placées au-dessous de la rose, sont représentés en figures colossales, les quatre grands prophètes qui ont prédit la venue du Messie, et les quatre évangélistes qu'il choisit pour être les interprètes de la morale divine.

1° Jérémie portant saint Luc sur ses épaules.

2° Isaïe porte également saint Mathieu.

3° La sainte Vierge debout tenant son fils, est placée au milieu.

4° Ezéchiel qui supporte saint Jean.

5° Daniel portant saint Marc.

Au bas des formes de vitres sont des comtes et des comtesses, avec les armes de Dreux. Au-dessous de la figure de la Vierge, est un écu aux mêmes armes de Dreux.

25e Fenêtre, rose, un chevalier portant un écu aux armes de Dreux : c'est le même Pierre de Dreux surnommé *Mauclerc*, armé de toutes pièces, dont il a été parlé ci-dessus.

56e Forme, un prophète. Les armes de Dreux décrites ci-dessus.

57e Forme, le prophète Michée. Une femme à genoux.

26e Fenêtre, rose, un évêque. 58e forme, deux prophètes ; un apôtre debout. Les armes de Dreux. 59e forme, deux prophètes ou apôtres. Un ecclésiastique revêtu d'une soutane rouge et d'une aube, à genoux devant un autel ; au-dessous est le nom suivant : S. ENTOUER.

27e Fenêtre, rose, un ecclésiastique placé entre deux arbres.

60e Forme, saint Paul debout. 61e saint Pierre dans la même attitude.

Côté méridional de la nef.

28e Fenêtre, rose, S. AMBROSIUS. 62e forme, S. SYMPHORIANUS. La 63e forme est masquée par le buffet d'orgue.

29ᵉ Fenêtre, rose, S. Gregorius. Les 64ᵉ et 65ᵉ formes sont masquées par le buffet d'orgue.

30ᵉ Fenêtre, rose, S. Augustinus. 66ᵉ forme, masquée par l'orgue. 67ᵉ forme, un évêque debout. Un tourneur exerçant sa profession.

. 31ᵉ Fenêtre, S. Hieronimus. 68ᵉ forme, saint Jacques debout. Trois pélerins, un homme, une femme, un enfant.

69ᵉ Forme, un personnage assis.

32ᵉ Fenêtre, rose, saint Solein. 70ᵉ forme, sainte Foi, debout.

71ᵉ Forme, la sainte Vierge. Ave Maria.

33ᵉ Fenêtre, rose, Dieu le Père. 72ᵉ forme, saint Pierre debout. Des boulangers qui font du pain. 73ᵉ forme, saint Jacques debout. Des garçons boulangers portant du pain.

34ᵉ Fenêtre, rose, S. Hieronimus. 74ᵉ forme, saint Laumer.

75ᵉ Forme, sainte Marie l'égyptienne.

EXPLICATION

DES SUJETS PEINTS SUR LES VITRES DES BAS-CÔTÉS ET DES CHAPELLES.

La plupart des vitres peintes qui vont être décrites, attestent par les personnages de diverses professions qu'elles représentent, que l'on en doit l'exécution à la piété et à la générosité des corporations d'arts et métiers de la ville de Chartres et des environs.

En commençant par le bas-côté septentrional

et continuant autour de l'église jusqu'au clocher-vieux.

1ère Forme, histoire de Noë et de l'Arche d'alliance formant 41 sujets. Dans le bas, se voient un charron, un charpentier et un tonnellier travaillant de leur état.

2e Forme, traits historiques de la vie de saint Lubin, composés de 21 sujets. Au milieu, on voit saint Lubin, célérier de l'abbaye de saint Avit, tirant du vin d'un tonneau.

3e Forme, la vie de saint Eustache représentée dans 35 tableaux. Dans le bas, sont des chasseurs suivis d'une meute de chiens.

4e Forme, l'histoire de Joseph, composée de 30 sujets. Dans le bas du vitrage, plusieurs personnes pèsent de l'argent à pleine balance.

5e forme, 24 sujets différents, au bas sont des orfèvres ou changeurs.

6e Forme, 28 sujets tirés de l'histoire de l'Ancien et du Nouveau-Testament, qui ont principalement rapport aux mystères du Christianisme. Au bas sont des maréchaux qui ferrent un cheval et battent l'enclume.

7e Forme, au côté de la croisée septentrionale.

L'histoire de l'Enfant prodigue formant trente sujets.

8e Forme, 25 sujets divers.

9e forme, figures représentant des vierges.

10e Forme à côté du chœur près la sacristie, 20 sujets divers; rose, le Père-Eternel.

11e Forme, 18 sujets. Le premier au bas, présente un prélat couvert d'un manteau avec un capuchon de couleur brune, à genoux devant l'image de la Vierge; plusieurs lampes sont suspendues au-dessus, et au-dessous est peinte l'inscription suivante en caractères gothiques : THOMAS, CARDINALIS DEDIT HANC VITRAGAM. Le cardinal Thomas a donné ce vitrage.

12e Forme, vitres blanches; rose, le Sauveur accompagné des symboles des quatre évangélistes. 13e et 14e formes, vitraux blancs; rose, Jésus-Christ accompagné des symboles des quatre évangélistes. 15e forme, vitres blanches.

16e Forme, 30 sujets de la vie de saint Thomas, apôtre.

17e Forme, circonstances de la vie de saint Julien, martyr, en 30 sujets. Au bas de la forme de vitre, sont un charpentier, un charron, et un tonnellier travaillant de leur état.

18e Forme, vitres blanches. 19e forme, dans la chapelle des martyrs, la vie de saint Savinien et de saint Potentien, apôtres de la Gaule Sénonoise, formant 20 sujets.

20e Forme, histoire de la vie de saint Denys ou de saint Chéron, 32 sujets. 21e forme, les actes de la vie de saint Etienne, premier martyr, formant 23 sujets : au bas sont des cordonniers, dont l'un taille le cuir, et l'autre coud des souliers.

22e Forme, 36 sujets, dont le premier est un ecclésiastique à genoux devant l'image de la sainte

Vierge. Au-dessus est l'inscription suivante : Nico-
laus Decampis.

23ᵉ Forme, 38 sujets que l'on croit appartenir à
la vie de saint Théodore, attendu que sur le huitième tableau, on lit le nom suivant : Theodorus.

24ᵉ Forme, près du lieu où étoit autrefois adossé
l'autel dédié à saint Jean. 21 sujets représentant, dit-
on, l'histoire de la sainte Chemise de la Vierge.

25ᵉ Forme, les traits remarquables de la vie de
saint Jacques, 30 sujets. Au bas du vitrage, sont
des pelletiers marchands d'aumusses, et l'intérieur
de la boutique d'un marchand de draps.

26ᵉ Forme, chapelle ci-devant des apôtres, vitres
blanches.

27ᵉ Forme, 20 sujets de l'histoire de saint Siméon
et de saint Jude. Au bas est un ecclésiastique ou religieux devant l'image de la Vierge qui est assise : le
nom suivant est inscrit sur la vitre : Henricus No-
blet. Le même personnage est représenté sur une
autre vitre, devant l'image du Sauveur ; son nom est
inscrit de même.

28ᵉ Forme, 34 sujets, représentant les traits principaux de la vie de Jésus-Christ et les actes des
apôtres. Au bas sont placés des boulangers vendant
du pain.

29ᵉ Forme, 21 sujets.

30ᵉ Forme, 21 sujets.

31ᵉ Forme, entrée de la chapelle de saint Piat.
Figure en pied de saint Piat placée au milieu du vitrage. Ecussons aux armes de France, trois fleurs-de-

lis. La bordure de la forme de vitre est semée de France.

32ᵉ Forme, 41 sujets représentant les circonstances de la vie de saint Sylvestre. Au bas du vitrage sont des maçons qui taillent et posent des pierres.

33ᵉ Forme, chapelle dite autrefois des confesseurs, vitres blanches. Au milieu se voit saint Nicolas évêque de Myre, aux pieds duquel sont trois enfants sortant d'un coffre carré, au lieu du tonneau que les peintres et sculpteurs figurent ordinairement dans les représentations de ce saint.

34ᵉ Forme, 20 sujets.

35ᵉ Forme, 23 sujets. Traits de la vie de saint Nicolas.

36ᵉ Forme, 22 sujets. Les circonstances de la vie et du martyre de sainte Catherine, et de sainte Marguerite.

Au bas de ce vitrage, sont deux hommes armés, l'un tenant un écu de gueules à la bande d'argent, à six merlettes de même, 3 en chef, 3 en pointe, et l'autre tenant aussi un écu de gueules fretté d'or de 3 traits avec un guidon.

37ᵉ Forme, 23 sujets historiques de la vie de saint Thomas de Cantorbéry.

38ᵉ Forme, chapelle dite anciennement de saint Gilles : 40 sujets, parmi lesquels on remarque plusieurs traits relatifs à la vie de saint Martin, évêque de Tours. Au bas du vitrage sont des cordonniers travaillant de leur état.

39ᵉ Forme, 40ᵉ forme, vitres blanches.

41ᵉ Forme, à côté du chœur, saint Vincent, vitres blanches. Vitrage circulaire au-dessus de la forme, le Sauveur assis, accompagné de deux anges.

42ᵉ Forme, vitres blanches.

43ᵉ Forme, 24 sujets offrant les 12 signes du zodiaque et les travaux champêtres des douze mois de l'année; rose, Jésus-Christ crucifié; au bas de la croix, sont la sainte Vierge et saint Jean.

44ᵉ Forme, 24 sujets, dont la plupart sont relatifs à la vie de sainte Anne et de la sainte Vierge. Parmi les sujets représentés sur cette vitre, on remarque un vigneron taillant la vigne.

45ᵉ Forme, vis-à-vis la petite horloge de la clôture du chœur, 11 sujets parmi lesquels on remarque l'image de la sainte Vierge et les noces de Cana; rose, la sainte Vierge debout tenant son fils.

46ᵉ Forme, 20 sujets relatifs à la vie de saint Antoine abbé. Au bas du vitrage sont des vanniers vendant des paniers.

47ᵉ Forme, croisée méridionale, 28 sujets dont plusieurs offrent les faits principaux de la vie de saint Blaise.

48ᵉ Forme, vitres blanches et 5 sujets peints sur verre parmi lesquels on remarque saint Michel Archange, saint Lubin, et saint Martin.

49ᵉ Forme, 29 sujets relatifs à la vie de saint Apollinaire, de sainte Julitte et de saint Cyr son fils. Au bas de la forme de vitre se lit l'inscription suivante en caractères gothiques :

Monseigneur THIERRY *Chanoine de céans, sei-*

6 *

*gneur de Loy, fonda cet autel ou chapelle de
Nostre-Dame et de tous les saints, l'an de grâce
MCCXXVIII, et laissa tous ses biens pour deux
chapelains ou pour les pauvres.*

50ᵉ Forme, sous le bas-côté méridional de la nef,
28 sujets de piété à l'exception des trois premiers
placés au bas du vitrage, représentant des marchands de poisson.

51ᵉ Forme, chapelle de Vendôme.

Les vitres de cette chapelle, exécutées au commencement du quinzième siècle, sont d'un dessin
moins grossier, et d'un travail plus soigné que les
précédentes ; les sujets dont une partie a été détruite
à la suite des événements de la Révolution, étoient
distribués de la manière suivante :

1º Saint Jean Baptiste.

2º Saint Louis, évêque de Toulouse, tenant sa
crosse de la main gauche, présente à Dieu de la
droite, Louis comte de Vendôme, et Blanche de
Roucy sa femme. Saint Louis étoit fils de Charles II,
dit *le Boiteux*, roi de Naples, de Jérusalem et de
Sicile, et petit-neveu de Louis IX, roi de France.

3º Deux victoires tenant un écu écartelé au premier et quatrième tiercé en pal, au premier fascé
d'argent et de gueules de 8 pièces qui est de Hon-
grie, au deuxième parti de France, au lambel de
gueules de 3 pièces qui est de Naples, tiercée d'argent à la croix potencée d'or cantonnée de 4 croisettes de même qui est de Jérusalem, au deuxième et

troisième semé de France à la bande de gueules, chargé de trois lys d'argent qui est de Bourbon.

4° La sainte Vierge à genoux couronnée par deux anges.

5° Une sainte tenant une palme.

6° Deux victoires tenant un écu parti au premier semé de France à la bande de gueules, chargé de trois lions d'argent qui est de Bourbon au deuxième de même.

7° Dieu le Père.

8° Saint Louis, roi de France, présente son petit-fils Louis, comte de Vendôme, au Père-Eternel.

9° Deux autres victoires tenant un écu parti au premier coupé d'argent à la croix potencée d'or cantonnée de 4 croisettes de même au deuxième burrelé d'argent et d'azur au lion de gueules, brochant sur le tout qui est de Chypre, au deuxième semé de France à la bande de gueules, chargé de trois lions d'argent, qui est de Bourbon.

10° Saint Jean l'Evangéliste, qui est de Jérusalem.

11° Saint Remi tenant sa croix de la main gauche et la sainte Ampoule de la droite, présente un seigneur et une dame, avec le nom suivant : S. REMY. C'est Louis, comte de Vendôme, et Blanche de Roucy sa femme, mariés en 1414.

12° Deux autres victoires tenant un écu parti au premier coupé, burrelé d'argent et d'azur au lion de gueules brochant sur le tout, qui est de Chypre au deuxième d'argent au lion d'azur, au chef de gueules qui est de Vendôme, au deuxième parti d'or, au lion d'azur qui est de Roucy.

52ᵉ Forme, 25 sujets, parmi lesquels on remarque la mort de la sainte Vierge, en présence des apôtres.

53ᵉ Forme, 23 sujets, au nombre desquels on distingue la création du monde et l'histoire du Samaritain. Au bas du vitrage sont des cordonniers, l'un taille le cuir, et deux autres font des souliers. Parmi plusieurs autres ouvriers du même état, on en distingue un, tenant un écriteau sur lequel on lit *Sutores*, cordonniers.

54ᵉ Forme, 22 sujets, dont plusieurs contiennent les traits de la vie de sainte Marie-Magdelène.

55ᵉ Forme, 18 sujets, contenant l'histoire de saint Jean l'évangéliste.

Tels sont les sujets représentés sur la totalité de ces vitraux, qui, par l'éclat et la variété des tons, l'effet pittoresque de leur composition, transportent l'imagination aux temps de la chevalerie, et font l'un des plus riches ornements de ce temple. Toutes ces peintures sur verre, très intéressantes sous le rapport de l'histoire de l'art, de nos modes et de nos usages, se ressentent de la barbarie de dessin qui régnoit dans le treizième siècle. La plupart des figures sont au simple trait sur une teinte plate avec quelques hachures, mais sans aucune de ces dégradations de tons, que l'on remarque dans les peintures sur verre des siècles suivants, et qui en indiquant les progrès de cet art, donnent du relief aux figures et aux autres objets de telle nature que ce soit.

Au-dessous des grandes fenêtres de la nef, de la croisée et du chœur, règne une galerie avec appui, pratiquée dans l'épaisseur des murs de face, qui, sans nuire à leur solidité, procure la facilité de circuler sans obstacle autour de l'église et de voir, à une distance plus rapprochée, les riches vitraux dont elle reçoit le jour. Cette galerie est espacée par des colonnes qui supportent des arcs ogives, d'une proportion relative au caractère mâle de l'édifice.

Le buffet d'orgue est placé, contre l'usage ordinaire, au-dessus de la sixième arcade de la nef du côté droit, et à la hauteur des galeries. Cet instrument se voyoit autrefois au-dessus de la porte principale de l'église où il avoit été érigé en 1513. Il n'offre rien de remarquable que la structure de la montre ou façade, qui indique le passage du style gothique à celui de la renaissance des arts. La voûte qui le supporte étant en porte à faux, il en résulte que l'ensemble produit une disparate d'autant plus choquante à l'œil, qu'elle interrompt l'harmonie des lignes, et dépare l'intérieur de ce beau vaisseau.

L'ancien Chapitre avoit formé le projet de faire construire un orgue qui répondît à la majesté de ce temple; mais les événements de la révolution vinrent paralyser ses intentions. Il est à désirer que ce projet ne reste pas sans exécution, sous les auspices d'un prélat aussi recommandable par son zèle et sa piété, que par son amour pour les arts.

Chapelles.

Le nombre des chapelles ou des autels s'étoit tellement multiplié pendant l'espace de plusieurs siècles par le concours des pélerinages, qu'à l'époque à laquelle Sébastien Roulliard écrivoit sa *Parthénie*, on en comptoit trente-neuf y compris le grand-autel [1]. Ces autels fondés et dotés à diverses époques par la piété de plusieurs chanoines et de quelques personnages distingués par leur rang, étoient adossés tant aux piliers de la nef qu'à ceux des bas-côtés du chœur et de la croisée, dont ils gênoient la circulation dans les jours de solennité. La réduction de ces autels jugée nécessaire, s'opéra successivement, et le nombre en fut fixé à huit, dont l'un est placé dans la chapelle de Vendôme, et sept dans les chapelles situées autour du chœur.

La première pratiquée entre les deux piliers butans de la cinquième travée, sous le bas-côté à droite, est connue sous le nom de *la chapelle de Vendôme*, parce que ce fut Louis, comte de Vendôme, seigneur d'Epernon et de Mondoubleau, qui la fit construire en 1413, pour accomplir un vœu

---

[1] Voyez le dénombrement de ces autels, dans l'*Histoire de l'Eglise de Chartres*, première partie, pages 135 et suivantes. Sablon, *Histoire de l'auguste et vénérable Eglise de Chartres*, page 31.

qu'il avoit fait à la sainte Vierge. L'événement qui donna lieu à ce vœu, offre assez d'interêt pour être rapporté.

Jacques de Bourbon, comte de la Marche, frère de Louis comte de Vendôme, jaloux de l'apanage de son frère, chercha les moyens de l'en dépouiller. Pour exécuter son projet, il fondit tout-à-coup sur le Vendômois avec des troupes levées à la hâte, et surprit Louis son frère qu'il fit prisonnier. On vit alors les deux factions d'Orléans et de Bourgogne qui disputoient à l'envi de forfaits, se réunir par l'estime qu'elles faisoient également de Louis pour le délivrer. Huit mois entiers s'écoulèrent sans que la jalousie de Jacques de Bourbon pût se calmer. Enfin les remords firent plus d'effet que les menaces, sur l'esprit de cet ambitieux. Il se présente un jour aux portes de la prison de son frère; il entre, l'ame navrée de regrets et d'amertume, court l'embrasser, et détache ses fers en les mouillant de pleurs: « Soyez » libre, dit-il, ô mon frère! vous réunissez, par l'es- » time que vous inspirez, les intérêts les plus opposés: » il est juste que je me rende aux sentiments qui » vous sont dûs. Je me suis fait jusqu'ici violence en » y résistant, pour céder au plus vil sentiment qui » m'arma contre vous; reconnoissez un frère qui » vous délivre, oubliez celui qui vous enchaîna. » Les fers du prisonnier tombent à ces mots; il se re- trouve dans les bras de son frère, qui l'entraîne avec lui hors du cachot où il étoit; loin de penser à bé- nir jamais un tel libérateur, il ne se souvient plus que du bienfait pour oublier l'injure; bienfait qu'il crut devoir au vœu qu'il avoit fait dans sa captivité, et qu'il se hâta bientôt d'accomplir.

Ce vœu qu'il avoit promis d'exécuter s'il recouvroit sa liberté, consistoit à aller en pélerinage à Notre-Dame de Chartres et à Saint-Denys en France, et de faire ériger la chapelle citée ci-dessus. Pour le remplir il se rendit à ces deux églises, pieds nus et en chemise, portant un cierge du poids de cinquante livres, et suivi de cent domestiques dans le même accoutrement [1]. Ces processions si fréquentes alors, tenoient à l'esprit du temps et n'excitoient point l'affluence qu'elles provoqueroient aujourd'hui, s'il s'agissoit d'accomplir publiquement de pareils vœux [2].

Le comte de Vendôme qui avoit épousé Blanche de Roucy en 1414, mourut en 1446, et fut inhumé dans l'église de saint Georges de Vendôme. Son cœur fut apporté à Chartres et déposé dans la chapelle érigée par ce prince dans la cathédrale.

Cette chapelle étoit autrefois décorée dans l'intérieur, des statues du comte de Vendôme et de Blanche de Roucy sa femme, adossées au mur en face de l'autel. On voyoit aussi leurs figures et celles de plusieurs princes de leur maison, peintes sur les vi-

---

[1] *Tableau historique du Vendômois*, inséré dans l'*Almanach de* MONSIEUR, 1782, page 184.

[2] Le comte de Vendôme fit plusieurs fondations mentionnées dans le Nécrologe de cette église.

traux qui ont été décrits ; il ne reste plus que celles de Jacques de Bourbon, comte de la Marche, de Castres, etc., grand-chambellan de France, en habit de cordelier, et de sa femme Jeanne, reine de Naples, qui sont encore bien conservées. La clef de la voûte de la chapelle, est ornée des armoiries du comte de Vendôme. A l'extérieur de la chapelle se voient deux statues en pierre de grandeur naturelle, placées dans des niches de chaque côté du vitrage, et représentant Louis de Bourbon, et Blanche de Roucy sa femme, l'un et l'autre les mains jointes et vêtus à la mode du temps. Le costume du comte de Vendôme consiste dans une cotte-hardie [1] dont les manches étroites sont boutonnées depuis le coude jusqu'au poignet, et se terminent en amadis ; par-dessus est une longue robe ou tunique avec le chaperon rabattu [2], ses cheveux sont coupés très

---

[1] La cotte hardie étoit une sorte d'habillement qui ressembloit beaucoup à une soutane ; il étoit commun aux hommes et aux femmes : selon la qualité des personnes, cet habillement étoit de drap ou de camelot nommé alors *camelin*. *Antiquités nationales*, par A. L. MILLIN ; Paris, 1790, tome I, page 32. — *Glossaire de la Langue romane*, par J. B. B. ROQUEFORT ; Paris 1808, au mot COTTE.

[2] Le chaperon étoit originairement une couverture de tête presqu'aussi ancienne que la monarchie, et dont l'usage n'a commencé à s'abolir que sous le règne de Charles VI, lorsque les chapeaux devinrent à la mode. *Fabliaux et Contes*, par LE GRAND D'AUSSY, tome II, page 364. *Gloss. de la Langue romane*, au mot CHAPERON.

courts. La comtesse de Vendôme, son épouse, est vêtue d'une cotte hardie retenue par une ceinture, et par-dessus un surcot [1], d'où pend un ornement enrichi de pierreries; ses cheveux sont tressés sur les côtés, d'une manière assez singulière, mais qui étoit alors à la mode; car cette tresse se retrouve dans presque tous les monuments du temps : elle porte une couronne enrichie de pierres précieuses. Dom Bernard de Montfaucon a fait graver ces deux statues dans ses *monuments de la monarchie Françoise* [2], mais d'après un dessin inexact du portefeuille de Gaignières, conservé au cabinet des estampes de la bibliothèque du Roi.

Au-dessus des statues du comte et de la comtesse de Vendôme, est représenté le mystère de l'Annonciation de la sainte Vierge, en mémoire de la délivrance de ce comte qui eut lieu le jour de cette fête. Sur le pilier à droite est placé l'ange Gabriel, de l'autre côté se voit la mère du Sauveur.

L'intérieur de cette chapelle est décoré d'un grand tableau représentant la mort de la sainte Vierge en présence des apôtres. Ce tableau peint en 1819, par M. Bosio jeune, a été donné par le gouvernement.

---

[1] Le surcot n'étoit ordinairement qu'une espèce de soubreveste qui se mettoit sur la cotte, et ne descendoit que jusqu'à la ceinture; mais les femmes qui affichoient plus de luxe, avoient des surcots extrêmement longs, qu'on nommoit aussi quelquefois *garnaches*. Voyez *Gloss. de la Langue romane*, aux mots SURCOT et GARNACHES.

[2] Tome III, page 193.

On regrette qu'il ait été placé dans un local dont l'exiguité ne permet pas de le considérer sous son véritable point de vue, et d'en admirer les beautés.

Les sept autres chapelles situées autour du chœur, ont été décorées avec les dépouilles des églises de la ville, démolies ou supprimées pendant le coùrs de la révolution. Toutes ces chapelles sont fermées par de belles grilles en fer, droit et contourné.

La première dite la *chapelle* de *saint Lazare*, est à droite en entrant sous le second bas-côté du chœur. En suivant toujours sur la même ligne, la seconde est désignée sous le titre de la *chapelle de tous les saints*; la troisième dédiée à saint Jean-Baptiste; la quatrième sous l'invocation *de la Visitation de la sainte Vierge*, est vulgairement appelée la chapelle de la *Communion* ou des *Chevaliers*, par rapport au fait suivant: Bureau de la Rivière, premier chambellan des rois Charles V et Charles VI, de concert avec plusieurs autres chevaliers ses compagnons d'armes, fondèrent une messe dans cette chapelle, au retour d'une croisade, en action de grâces de la victoire éclatante qu'ils remportèrent sur les Infidèles dans l'île de Chypre [1]. L'entrée de cette chapelle est ornée de deux statues en marbre blanc, grandes comme nature, et représentant Jésus-Christ qui apparoît à la Magdelène après sa résurrection.

---

[1] ROULLIARD, *Histoire de l'Eglise de Chartres*, première partie, fol. 142 et 143.

La chapelle de la Visitation ou des Chevaliers, présente un caractère de décoration qui mérite un examen particulier. Le contre-retable de l'autel se compose de quatre colonnes en vert de mer, soutenant un fronton surmonté d'une croix. Sur les acrotères placés au bas du fronton, sont des vases d'où sortent des flammes. Le coffre de l'autel est de marbre en forme de tombeau antique : le tableau placé au-dessus de l'autel, représente la Visitation de la Vierge.

La cinquième chapelle est celle dite des *Pénitenciers*, sous l'invocation de *Notre-Dame de Pitié;* la sixième (près de la sacristie) sous le titre de *la Flagellation;* la septième dite la chapelle de la *Transfiguration,* est ornée d'un tableau représentant ce mystère. Elle est située dans le retour d'équerre, formé par le bas-côté qui accompagne la croisée.

Sous le second bas-côté du chœur à gauche, près de la sacristie, on voit une niche dans laquelle est placée sur une colonne en pierre de liais, une *madone* ou figure de la Vierge, qui a été transférée dans ce lieu en 1772, époque de la démolition de l'ancien jubé, au devant duquel elle avoit été érigée vers l'an 1509, par la piété de Vastin de Fugerais, chanoine de cette église [1]. Cette *madone* attire en tout temps un grand concours de fidèles, principale-

---

[1] Souchet, *Histoire manuscrite de Chartres*, et la *Parthénie,* page 134.

ment composé des habitants de la campagne, qui y viennent en dévotion. Un ecclésiastique en surplis est en prières auprès de cette image révérée, depuis l'ouverture des portes de l'église jusqu'à leur fermeture.

Bas-reliefs de la clôture du Chœur.

La clôture du chœur est un ouvrage digne de l'admiration des connoisseurs, tant par la richesse de son architecture, que par la composition et l'heureux choix des ornements, le fini et la belle exécution des figures. Les principaux traits de la vie de la sainte Vierge ainsi que ceux de la vie de Jésus-Christ, y sont représentés en figures d'une très belle proportion. Le tout est surmonté d'une multitude de pyramides et de découpures à jour, du style gothique le plus riche et le plus élégant, et qu'on peut comparer pour la délicatesse du travail, à ces ouvrages d'orfévrerie appelés filigranes.

Voici le détail et l'explication des figures qui décorent le pourtour extérieur du chœur. Elles sont divisées par groupes.

1er Groupe. Dieu apparoît à saint Joachim, et lui annonce que sainte Anne concevra et mettra au monde la sainte Vierge. Derrière lui sont des bergers dont l'un joue de la cornemuse.

2e Sainte Anne en prières dans sa chambre, reçoit la même annonce; à côté d'elle est une servante.

3e Saint Joachim et sainte Anne se rencontrent à

une porte de la ville de Jérusalem, nommée la *Porte Dorée*, et se félicitent de cette heureuse nouvelle.

4ᵉ Accouchement de sainte Anne; on est prêt a plonger l'enfant dans un baquet rempli d'eau, pour le purifier suivant la coutume des Juifs.

5ᵉ La Vierge monte au temple pour se présenter à Dieu, elle est suivie de son père et de sa mère.

6ᵉ Mariage de la Vierge avec saint Joseph; le grand-prêtre leur donne la bénédiction.

7ᵉ L'ange Gabriel annonce à la Vierge, qu'elle deviendra la mère du Sauveur.

8ᵉ Enceinte de trois mois, la Vierge rend visite à sainte Elisabeth, sa cousine, qui étoit enceinte de six mois de saint Jean-Baptiste.

9ᵉ La Vierge s'occupe au travail; Joseph se repose : un ange vient lui dire de n'être point inquiet, que sa femme est enceinte par l'opération du Saint-Esprit.

10ᵉ Des anges viennent adorer l'enfant Jésus dans sa crêche; la Vierge et Joseph sont en admiration.

11ᵉ La Circoncision de Jésus-Christ, le huitième jour de sa naissance, suivant la loi Judaïque.

12ᵉ Trois Mages viennent de l'Orient pour l'adorer; ils lui offrent l'or, la myrrhe et l'encens.

13ᵉ Saint Siméon, grand-prêtre, reçoit l'enfant Jésus des bras de la Vierge, et le présente à Dieu, son père. Les figures de la Vierge et de saint Joseph ont été restaurées.

14ᵉ Hérode, assis sur son trône, ordonne le massacre des enfans mâles nés depuis deux ans à Bethléem et aux environs. Des mères éplorées, serrant leurs fils entre leurs bras, cherchent à les sauver et périssent comme ces innocents, par le fer des bourreaux. Dans le lointain on aperçoit la fuite en Egypte.

15o Jésus-Christ baptisé par saint Jean-Baptiste, dans le fleuve du Jourdain.

16o Après avoir jeûné quarante jours, Jésus-Christ est tenté par le diable qui lui présente des pierres afin qu'il les change en pains. Il le transporte ensuite sur la montagne et sur le pinacle du temple, où il lui dit : « Si tu m'adores, je te donnerai » toutes ces richesses; mais le Seigneur confond » l'esprit malin, en lui disant : Tu ne tenteras pas le » Seigneur ton Dieu. »

17o Une femme Chananéenne se prosterne aux pieds de Jésus-Christ, et lui demande la guérison de sa fille, qui étoit possédée du démon. Jésus-Christ lui répond « qu'il ne faut pas ôter le pain » des enfans, pour le donner aux chiens »; mais cette femme, animée d'une foi vive, ajoute que les chiens ramassent du moins les miettes qui tombent de la table. Jésus-Christ voyant sa foi, lui dit : « Allez, votre fille est guérie. »

18e Jésus-Christ, ayant mené avec lui ses trois disciples, Pierre, Jacques et Jean, sur le Mont-Thabor, leur paroît tout resplendissant d'une lumière céleste, ayant à ses côtés Moyse et Elie.

19e Deux vieillards présentent à Jésus-Christ une femme surprise en adultère, et lui demandent

7

quelle punition elle mérite ; il leur répond : « Que
» celui d'entre vous qui est sans péchés, lui jette la
» première pierre » ; et après avoir écrit de son doigt
sur le sable, il la trouva seule, et lui dit : « Puis-
» qu'ils ne vous ont pas condamnée, je ne vous con-
» damnerai pas non plus ; allez et ne péchez plus. »

20ᵉ Ayant fait de la boue dans sa main avec de la
salive, Jésus-Christ guérit un aveugle de naissance,
en la lui appliquant sur les yeux.

21ᵉ Jésus-Christ, monté sur un âne, entre en
triomphe dans Jérusalem. Le couronnement de cette
partie de la clôture du chœur a été détruit ; il ne
reste que les figures, que l'on a légèrement mutilées,
ainsi que le soubassement.

22ᵉ Les habitants de Jérusalem viennent au-devant de Jésus-Christ, avec des transports de joie, et
jettent des palmes et des rameaux sur son passage.

23ᵉ Jésus-Christ fait sa prière au jardin des
Olives : un ange lui présente le calice d'amertume ;
ses disciples sont couchés et endormis à quelques
pas de lui.

24ᵉ Judas trahit son maître par un baiser ; saint
Pierre tire son glaive, et coupe l'oreille à Malchus.

25ᵉ Jésus-Christ est conduit devant Pilate, qui
le condamne à être flagellé.

26ᵉ On l'attache à une colonne pour y être frappé
de verges.

27ᵉ Il est couronné d'épines : un des bourreaux

lui présente un roseau pour sceptre, et le salue par dérision, comme roi des Juifs.

28e Jésus-Christ élevé sur la croix : la Vierge tombe en foiblesse à la vue de ce triste spectacle ; elle est soutenue par saint Jean l'Évangéliste et quelques saintes femmes.

29e La Vierge reçoit son fils à la descente de la croix ; deux anges viennent la consoler.

30o Jésus-Christ sort triomphant de son tombeau ; les gardes effrayés tombent à la renverse.

31e Trois saintes femmes viennent au tombeau pour y embaumer le corps de Jésus-Christ, et n'y trouvent qu'un ange, assis sur le sépulcre, qui leur dit : « Il n'est plus ici, il est ressuscité comme il l'avoit prédit. »

32e Jésus-Christ au milieu des deux pélerins d'Emmaüs, leur explique l'Écriture et les prophètes, et se fait ensuite connoître par la fraction du pain.

33e Saint Thomas, qui avoit paru incrédule, met ses doigts dans les plaies de Jésus-Christ, qui lui dit : « Heureux ceux qui croiront sans avoir vu ! »

34e Jésus-Christ apparoît à la Vierge après sa résurrection.

35e Il monte au ciel en présence des apôtres.

36e La Vierge et les apôtres assemblés dans le Cénacle, y reçoivent le Saint-Esprit, en forme de langues de feu.

7 *

37e La Vierge, saint Jean l'Evangéliste et les saintes femmes viennent adorer la croix.

38e Mort de la sainte Vierge, en présence des apôtres.

39e Les apôtres portent son corps au tombeau.

40e Les apôtres étant prêts à rendre les derniers devoirs au corps de la Vierge, des anges viennent pour l'enlever au ciel.

41o La Vierge, montée au ciel, y est couronnée par Dieu le Père, le Fils et le Saint-Esprit.

Tels sont les sujets que représentent ces groupes de figures, justement admirés des connoisseurs et particulièrement de tous les voyageurs qui viennent visiter la basilique de Chartres.

Les pilastres qui séparent chaque trait d'histoire, ainsi que les murs qui servent de base aux groupes, et de clôture au chœur, sont décorés d'une immense quantité d'arabesques du meilleur goût et d'une composition variée; de petites niches, de très jolis dais gothiques, de colonnes richement ornées et surmontées de statues d'évêques et de médaillons dans lesquels sont en demi-relief les bustes de plusieurs empereurs romains et autres grands personnages.

Sur cette clôture près de la porte latérale du chœur, côté droit, il existoit anciennement deux petits dômes, dans l'un desquels étoit placé un réveille-matin, contenant un carillon qui, au moyen d'un mécanisme, sonnoit une hymne de la Vierge. L'autre dôme renfermoit une horloge, qui fut détruite pendant la révolution ; on voit encore le beau cadran de cette horloge qui, suivant l'ancien usage, est divisé en vingt-quatre heures. Autour de ce cadran, sont peints les douze signes du zodiaque.

Au-dessous des figures de cette clôture, dans les murs de face de chaque côté du chœur, sont percées six portes qui conduisent dans des chambres pratiquées dans l'espacement des piliers. Quatre de ces chambres dans lesquelles on avoit érigé des autels, servoient anciennement à la garde des reliquaires les plus précieux. Les deux dernières contenoient chacune les mécanismes qui faisoient mouvoir le réveil et l'horloge dont il a été parlé ci-dessus.

Enfin cette clôture admirable, construite en pierre fort blanche, a été commencée en 1514, d'après les dessins de Jean Texier dit *de Beauce*, architecte chartrain, (le même qui avoit exécuté la construction de la belle pyramide du clocher neuf). Il y travailla jusqu'en 1529, époque de sa mort [1]. Cet ouvrage fut continué à peu près sur les mêmes dessins, et terminé en 1539, à l'exception des figures du pourtour du sanctuaire qui furent exécutées en grande partie en 1611, par Michel Boudin, très habile sculpteur, natif d'Orléans, dont on voit le nom gravé en lettres dorées, sur une petite table de

---

[1] Le chapitre de l'église de Chartres, par une considération particulière pour cet architecte, le fit honorablement enterrer à ses dépens dans l'église de Saint-André de cette ville, sa paroisse, le 29 décembre 1529.

marbre incrustée dans la pierre. Les autres figures
ont été successivement exécutées, d'abord par les
sieurs Dieu et Le Gros, sculpteurs de Chartres, en
1681, et le reste n'a été totalement terminé que de
1700 à 1706. Les différentes reprises des travaux de
cette clôture, se font apercevoir par la diversité du
système de décoration adopté dans la partie archi-
tecturale du mur de ceinture, ainsi que par le style
des figures et des ornements.

Chœur.

Les embellissements du chœur de l'église métropolitaine de Paris, ordonnés par Louis XIV, et
exécutés, si ce n'est avec le goût et le discernement
convenables, du moins avec cette magnificence que
le monarque savoit mettre dans toutes ses entreprises, donnèrent un mauvais exemple, qui ne fut
que trop servilement imité, dans le dix-huitième
siècle, par plusieurs architectes chargés de la décoration intérieure des temples de style gothique.

L'évêque de Chartres, M. de Fleury, entraîné par
l'exemple, forma en 1766 avec son Chapitre, le projet
de faire décorer le chœur de sa cathédrale, et
chargea du choix des artistes et de la surveillance
des travaux, M. d'Archambault, chanoine rempli de
zèle et d'activité.

Les nouveaux embellissements ne furent com-
mencés qu'en 1772, sur les dessins de M. Louis, architecte du duc d'Orléans, qui dirigé par le mauvais

A. F. Sergent Carnuteus del et Sculp. 1782.

goût qui régnoit alors dans les arts dépendants du dessin, dénatura le système d'architecture de l'église.

Cet architecte, tout en conservant les formes ogives, en altéra les profils, en y adaptant un genre de décoration dont l'incohérence produisit l'association la plus bizarre avec l'ancienne architecture.

Alors cette noble simplicité des piliers, des chapiteaux, des colonnes, ce jeu des nervures des ogives, tout cela disparut sous le fracas des marbres, des stucs, des dorures, et d'une superfluité d'ornements de mauvais goût, dont l'aspect a détruit cette unité, cet accord des parties, caractères distinctifs d'un bel ensemble, et que plusieurs siècles avoient scrupuleusement respecté dans ce temple.

Pour obéir à ce système de rénovation, l'ancien Jubé [1] fut détruit à l'époque de ces embellissemens, pour faire place à deux lourds massifs en pierre de

[1] Ce jubé, dont le style étoit parfaitement en harmonie avec l'architecture de l'église, avoit été construit vers l'an 1100, par Yves, soixante sixième évêque de Chartres. Il présentoit au devant du chœur une espèce de péristyle de 66 pieds de longueur, sur 12 pieds 9 pouces de largeur, divisé par sept arcades de front en forme de trèfles, soutenues par des colonnes chacune d'une seule pierre. On y montoit par deux escaliers qui avoient leur entrée particulière des deux côtés de la porte du chœur. Ce jubé étoit décoré de bas-reliefs et de détails de sculpture. Aux deux extrémités, il existoit deux armoires contenant des lits où couchoient les deux marguilliers laïques chargés de la garde de l'église. ROULLIARD, *Parthénie*, prem. partie, page 134.

Tonnerre, décorés de deux bas-reliefs ; celui de droite représente l'Annonciation de la Vierge, et l'autre à gauche le baptême de Jésus-Christ par saint Jean. Ces bas-reliefs sont accompagnés de quatre statues d'environ 7 pieds 6 pouces de proportion, placées sur des piédestaux, au-devant des piédroits des massifs, et représentant les quatre vertus suivantes : la Charité, la Foi, l'Humilité et l'Espérance. Toute la sculpture a été exécutée par le sieur Berruer, membre de l'ancienne Académie de sculpture.

L'espace régnant entre les deux massifs, est occupé par une grille haute, composée de fers droits. Elle est divisée en deux pilastres et une porte à deux vantaux de chacun 4 pieds 10 pouces de largeur sur 15 pieds de hauteur, et surmontée d'une architrave avec une large frise, au-dessus de laquelle est un couronnement orné du chiffre de *Marie*, qui a pour amortissement une croix accompagnée de rayons. Cette grille est enrichie d'ornements, de cassolettes, d'attributs et d'emblêmes relatifs à la Vierge. Elle a été exécutée par le sieur Pérès, maître serrurier de Paris ; les ornements en bronze doré sont du sieur Prieur, fondeur-ciseleur. Les deux massifs et la grille sont précédés et entourés d'une grille en fer à hauteur d'appui. L'enceinte formée par cette avant-grille, est pavée de grands carreaux de marbre blanc veiné et noir.

Le chœur a de longueur depuis la grille d'entrée jusqu'au fond du sanctuaire, 114 pieds, sur 46 pieds

de largeur, de l'aplomb d'un mur de face à l'autre.
Il est pavé en carreaux de marbre blanc veiné et
gris, disposés en échiquier. Ce pavage a été fait
en 1786.

La menuiserie des stalles, exécutée en 1786, est
simple, mais le travail en est soigné; les hautes
stalles sont surmontées d'une frise très délicatement
sculptée. La chaire épiscopale, placée à droite, est
d'une fort belle exécution.

Au-dessus des stalles, sur les deux faces latérales
du chœur, sont huit grands bas-reliefs en marbre
blanc, enchâssés dans des cadres de marbre bleu
turquin.

Les quatre bas-reliefs placés à droite représentent
les sujets suivants :

1° La conception de la sainte Vierge.

2° L'adoration des Rois-Mages.

3° Une descente de croix.

4° Le vœu de Louis XIII. Par sa déclaration du
10 février 1638, ce monarque mit son royaume sous
la protection de la mère du Sauveur.

Les quatre bas-reliefs placés à gauche, sont :

5° Le prophète Isaïe qui prédit à Achaz, roi de
Juda, qu'une Vierge enfantera pour le salut du
monde.

6° L'adoration des bergers.

7° La présentation de Jésus-Christ au temple.

8° Le concile d'Ephèse, prononçant la déposition

de Nestorius, l'an 431, pour avoir contesté à la Vierge la qualité de *mère de Dieu* [1].

Parmi ces bas-reliefs, on admire principalement la descente de croix, dont les figures sont pleines d'expression. Ces morceaux de sculpture ont été exécutés en 1788 et 1789, par M. Bridan, statuaire et membre de l'ancienne Académie de peinture et sculpture. Les figures de ces bas-reliefs, grandes comme nature, sont généralement un peu courtes, défaut spécial de l'ancienne école.

Au milieu du chœur est placé un aigle en cuivre doré servant de lutrin.

Le sanctuaire a 36 pieds de longueur sur 46 pieds de largeur; on y monte par trois marches en marbre de Languedoc, disposées en demi-lune; trois autres marches de la même forme, servent pour monter au grand autel.

Le grand autel placé au milieu du sanctuaire, est en marbre bleu turquin, enrichi d'ornements en bronze doré en or moulu. Sa forme est celle d'un tombeau antique [2]. De chaque côté de l'autel sont

_____

[1] Dans les monuments antérieurs au concile d'Ephèse, la sainte Vierge étoit toujours représentée sans l'Enfant-Jésus; mais la maternité divine ayant été reconnue par ce concile, on s'empressa de peindre la Vierge avec son enfant. Cet usage s'établit, et on s'y conforma avec d'autant plus d'exactitude, qu'il n'étoit pas permis aux artistes grecs de se livrer à leur imagination, ni de s'éloigner en rien du système de composition reçu pour les tableaux sacrés.

[2] La consécration de cet autel se fit de la manière la plus

In Eccl. Carnot: e marmore fecit D. Bridani Sculp. Reg. An. 1773. Del. et Sculp A. P. Sergent Carnutens. 1781.

trois gradins en marbre blanc veiné, sur lesquels sont placés six candelabres de bronze, doré au feu, de 5 pieds 2 pouces de hauteur, décorés de chiffres et d'emblêmes relatifs à la sainte Vierge; le tout d'un travail soigné [1]. Sur l'autel se voit un très beau Christ en bronze doré, dont le modèle a été exécuté par Bridan. Le socle de la croix fait en forme de vase ovale, enrichi d'ornements, sert de tabernacle.

Derrière et joignant le grand autel, s'élève un groupe en marbre blanc de Carrare, de 18 pieds de hauteur sur 13 pieds de largeur, formé de quatre figures, unies entre elles par des nuages, et représentant l'Assomption de la Vierge. Ces figures, composées de la Vierge, et de trois anges dans une attitude contemplative, ont neuf pieds de proportion.

Ce groupe formé de quatre blocs de marbre, est sans contredit l'idée la plus belle et la plus heureuse qu'on ait pu concevoir pour la décoration d'un

solennelle le 7 août 1773. L'ancien grand-autel qui fut détruit, avoit été érigé en 1520. Il étoit environné, de chaque côté, de colonnes en cuivre surmontées d'anges de la même matière. et au-dessus de l'autel, on voyoit la figure de la Vierge en argent. SOUCHET, *Hist. manuscrite de Chartres.*

[1] On doit remarquer que la disposition de ces gradins de chaque côté de l'autel, a été exécutée conformément à l'ancien usage de l'Eglise, qui n'admettoit aucun cierge sur les autels, par respect pour le saint Sacrifice, comme cela s'observoit à l'église de Notre-Dame de Paris, dans les douzième et treizième siècles. Voyez *Histoire de la ville de Paris,* par les Pères FÉLIBIEN et LOBINEAU, tome I, page 310.

temple dédié à la Vierge, dont il offre l'image frappante de son apothéose. On admire la belle disposition des masses. L'attitude de la Vierge est vraie et noble : elle s'élance dans les airs avec majesté; ses bras affectueux semblent porter les hommages de la terre qu'elle quitte, au séjour éthéré, vers lequel elle monte sans effort.

Ce grand ouvrage de sculpture a été exécuté par Charles Antoine Bridan, statuaire, en 1773[1]. Le Chapitre de cette église en fut si satisfait, qu'indépendamment du prix convenu avec lui, il accorda à cet artiste d'une voix unanime, dans un chapitre général, une pension viagère de 1000 livres, dont la moitié devoit être reversible sur la tête de son

---

[1] Cet artiste se rendit exprès en Italie, et choisit un hameau près de la petite ville de Carrare, où il fixa sa demeure au sein de cette chaîne de montagnes si riche en beaux marbres. Après deux ans et demi de recherches pénibles, il découvrit quatre blocs de marbre, les plus sains, du grain le plus pur, dans les dimensions qu'exigeoit l'exécution de son groupe. Ces blocs extraordinaires par leur volume, furent bientôt épannelés d'après l'appareil qu'il en avoit tracé lui-même. Embarqués au port voisin, ils furent conduits à Marseille, ensuite à Rouen, où ils arrivèrent; de là ils remontèrent la Seine jusqu'au port de Marly, où débarqués et chargés sur des équipages d'une structure ingénieuse et capable de résister sous de tels fardeaux; on les conduisit à Chartres, par Versailles. De retour dans cette ville, M. Bridan présida au premier emploi des marbres pour la construction de son groupe ; et après trois ans de travail assidu, cet artiste convertit une masse de 234 pieds superficiels, et de 1640 pieds cubes de marbre, en un tableau dans

épouse, au cas qu'elle survive à M. Bridan [1]. Ses ouvriers eurent une très forte gratification.

_____

lequel toutes les figures agissent et respirent, et dont l'ensemble contribue singulièrement à l'ornement de cette basilique.

Le lecteur apprendra avec intérêt que le groupe de l'Assomption de la Vierge, et les huit bas-reliefs qui décorent le chœur de cette église, menacés d'une entière destruction, ont été conservés par une ruse assez adroite. En 1793, époque à laquelle la France étoit couverte d'assemblées politiques délibérantes sous le nom de *sociétés populaires*, il fut agité dans celle de Chartres, de renverser ces *idoles du fanatisme*; c'étoit l'expression. Tout à coup, sur le dire du motionnaire, *les bravos, les levées en masse* d'approuver et d'ordonner spontanément la plus prompte destruction du groupe et des bas-reliefs, retentirent de toutes parts. Cependant un membre de l'assemblée se lève, applaudit à l'élan civique des assistans, puis ensuite leur fait apercevoir le moyen de conserver dans le temple consacré tout récemment *à la Raison*, ce même groupe, en convertissant la figure de femme en *déesse de la Liberté*, à l'aide d'une pique dont on lui armeroit la main, et en la coiffant d'un bonnet rouge.

Les huit bas-reliefs furent recouverts de châssis de toile peinte sur lesquels on imprima des strophes d'hymnes en l'honneur de la nouvelle divinité. Une pareille mesure satisfit les plus ardens républicains, et ces morceaux précieux de l'art échappèrent à la destruction dont ils étoient menacés.

[1] M. BRIDAN, professeur de l'ancienne Académie de peinture et de sculpture de Paris, et depuis des écoles spéciales des beaux-arts, est décédé dans cette ville le 28 avril 1805. Voyez sa *Notice biographique*, par feu M. VIEL, architecte. Paris, 1807, in-4°.

Les sept arcades du sanctuaire sont revêtues en stuc. Avant ces embellissements, les faisceaux de trois colonnes (qui reçoivent la retombée des arceaux des voûtes) dont chaque pilier est accompagné, reposoient sur les chapiteaux des piliers, et présentoient autant de porte-à-faux. Pour rectifier ce vice de la première bâtisse, ces colonnes ont été prolongées jusqu'au bas des piliers, et revêtues d'un enduit en stuc jaune de Sienne jusqu'à la hauteur des galeries. Le pourtour intérieur du sanctuaire est incrusté de marbre blanc veiné, formant un lambris de 4 pieds 6 pouces de hauteur. Les baies des arcades sont ornées en dedans, de pilastres corinthiens, revêtus de stuc vert antique et surmontés d'une archivolte en stuc blanc, dont tout le contour en dessous formant soffite, est orné de caissons enrichis de rosaces dorées. Les tympans au-dessus des arcades sont revêtus de stuc vert, et décorés de branches de lys en bronze doré en or moulu. L'espace régnant entre les piédroits des arcades, se trouve rempli par un mur revêtu d'un enduit en stuc, et décoré de draperies bleues azurées, garnies de franges dorées.

Le pavé du sanctuaire est composé de compartiments en marbre de diverses couleurs, disposés comme ceux d'un jeu d'oie, d'un très bel ensemble. Au centre est incrustée une étoile composée de marbres de diverses couleurs.

Tous les ouvrages en stuc ont été exécutés par le sieur Hermand, sculpteur stucateur de Paris; et ceux en marbre par le sieur Montleveau, marbrier de la même ville.

Derrière le grand autel se voit une armoire pratiquée sous l'arcade entre les deux piliers, dans laquelle on serroit anciennement les objets les plus précieux du Trésor. Parmi ceux que l'on y voit aujourd'hui et qui servent à la célébration du culte, on distingue un soleil en argent de 2 pieds 6 pouces de hauteur, dont les rayons sont soutenus sur une tige composée d'épis de blé. La croix est enrichie d'une couronne garnie de diamans roses.

Au bas des marches du sanctuaire, vis-à-vis les portes latérales du chœur, sont suspendues deux lampes en bronze doré en or moulu, de 8 pieds de hauteur, sur 2 pieds 4 pouces de diamètre, d'une très belle forme, et dont les chaînes sont attachées à quatre petites figures d'enfants; le tout est enrichi d'ornemens d'un travail soigné et de bon goût. Ces deux lampes ont été exécutées par le sieur Prieur, fondeur-ciseleur [1].

Sacristie.

La sacristie de cette église, dont l'entrée est sous le second bas-côté du chœur à gauche, est d'un style gothique qui paroît être du commencement du treizième siècle. L'intérieur de cette sacristie n'offre rien de remarquable qu'une suite de portraits des

---

[1] *Nouvelle Histoire de l'Église de Chartres.* Chartres, 1808, pages 142 et suiv.

évêques de Chartres et quelques autres tableaux.

L'ancien Trésor renfermoit un nombre assez considérable de châsses, de reliquaires et autres objets
d'orfévrerie, qu'on devoit à la piété de plusieurs
grands personnages. Ce pieux dépôt, successivement enrichi par la munificence des princes et
des évêques, a été exposé aux plus grandes déprédations en 1793.

Parmi cette multitude de monuments variés de
l'orfévrerie du moyen-âge, on conservoit avec une
vénération toute particulière, un reliquaire dit la
Sainte-Châsse, exécuté vers la fin du dixième siècle,
et dû en partie à la libéralité de Theudon, or-
fèvre de Chartres, mort en 991. On l'exposoit les
jours de fêtes solennelles, sur l'autel principal de
l'église haute [1]. Cette châsse étoit en bois de cèdre,
revêtue de lames d'or, décorée de figures et d'ornements, enrichie d'un grand nombre de pierres
précieuses et de dons offerts en différents temps par
la piété de plusieurs rois, princes et autres personnages. Sa longueur étoit de 25 pouces, sur 10 pouces

---

[1] Le rédacteur du Nécrologe de l'Eglise de Chartres, en
attribuant à la munificence de Theudon, l'édification de la façade de ce temple, comprise entre les deux clochers, a commis
un lourd anachronisme. L'époque de son décès, arrivé en 991,
prouve évidemment qu'il ne put prendre aucune part à la construction d'un édifice qui ne fut commencé que trente ans après.
Voyez *Extrait de l'Inventaire des Reliques et Joyaux de l'église
de Chartres, fait en* 1682, et imprimé à la suite de la *Notice sur
saint Piat*, publiée en 1816 par M. Hérisson.

de largeur et 21 pouces de hauteur. Elle pesoit 93 livres. Dans cette châsse étoit renfermé un coffret en or, contenant, la *chemise, le voile et la ceinture de la Vierge.* La tunique vulgairement appelée la *chemise de la Vierge,* avoit été envoyée à Charlemagne, vers l'an 803, par Nicéphore, empereur d'Orient, et donnée à l'église de Chartres en 877, par Charles-le-Chauve, petit-fils de Charlemagne [1]. Ce monument curieux devenu pendant plus de neuf cents ans, l'objet de la vénération des Chartrains, de plusieurs rois et reines, et d'une multitude de personnes pieuses, qui sont venues en tout temps en pélerinage à Chartres, a disparu à l'époque de la Révolution; car l'on ne peut comprendre sous ce titre, *le voile* ni *la ceinture,* seuls objets qui aient échappé aux déprédations commises en 1793, et qui sont présentement entre les mains de la sœur de feu M. Maillard, ancien curé de Notre-Dame, décédé depuis quelques années.

Ce voile, d'une espèce de tissu, a 6 pieds de longueur, sur 18 pouces de largeur. Il est enrichi de plusieurs frises dans le goût asiatique, et parsemé de symboles hiéroglyphiques [2]. La ceinture dont il a été parlé ci-dessus, est d'un tissu de soie.

Parmi les reliques que possédoit autrefois le Trésor

---

[1] Extrait d'une *Notice* communiquée par M. MASSON de Chartres.

[2] Ce voile a été gravé dans les *Monuments français inédits pour servir à l'hist. des arts,* etc., publiés par N. X. WILLEMIN.

8

de l'église de Chartres, se trouvoit le corps entier de saint Piat, martyr, victime de la persécution des empereurs Dioclétien et Maximien, vers le commencement du quatrième siècle.

Les reliques de saint Piat, dont les Chartrains invoquoient l'intercession dans les calamités publiques, ayant été arrachées en 1793, de leur châsse, furent inhumées avec plusieurs autres reliques de la cathédrale, dans le cimetière de Saint-Jérôme, qui fait aujourd'hui partie du jardin du palais épiscopal. M. le comte de Breteuil, préfet du département d'Eure et Loir, sur l'exposé qui lui fut fait en 1816 par des personnes pieuses, que le corps de saint Piat avoit été inhumé dans ce lieu, voulant rendre ces restes précieux à la vénération publique, dans un temps où les récoltes étoient menacées par des pluies abondantes et continuelles, donna les ordres nécessaires, pour que l'on s'empressât de les exhumer. Après plusieurs jours de recherches infructueuses, on découvrit enfin le 22 août 1816, à 5 pieds de profondeur, le corps de saint Piat avec une quantité d'autres reliques qui furent recueillies avec soin, et placées dans des caisses scellées en présence des commissaires et des témoins, appelés à cet effet pour en reconnoître l'identité.

Conformément à l'ordonnance de Mgr. l'évêque de Versailles, les reliques du saint martyr furent transférées solennellement le 7 septembre 1816, de la chapelle de la préfecture (où elles avoient été déposées provisoirement) dans celle dite des *Che-valiers*, située au rond-point de l'église cathédrale, puis exposées à la vénération des fidèles [1]. Ces reliques sont restées dans la chapelle des *Chevaliers* jusqu'à l'époque où leur translation a été ordonnée dans la nouvelle châsse. Cette châsse en bois de poirier, façon d'ébène, est enrichie d'ornements en bronze doré : elle a 6 pieds de longueur; sa forme est celle d'un tombeau antique; les deux faces latérales sont percées à jour, afin de laisser apercevoir les reliques de saint Piat. La châsse a été exécutée en 1816.

On conserve dans la sacristie de cette église, une navette à encens en vermeil d'un travail extrêmement précieux, exécutée vers le milieu du seizième siècle. Cette navette se compose d'une coquille en nacre de perle, surmontée de plusieurs petits sièges et de pyramides gothiques, très délicatement découpées à jour en filigrane. Elle est montée sur un pied dont la vasque à festons est enrichie d'arabesques d'un fort bon style. Deux anges tenant un écusson aux armes du donateur, sont placés sur un piédestal oblong, sur lequel est gravé l'inscription suivante en caractères romains :

> DES BIENS DE MONSEIGNEUR MILE
> D'ILLIERS EUESQUE DE LUÇON ,
> DOYEN DE CHARTRES ET NEPUEU
> DE MESSYEURS MILE ET RENÉ
> D'ILLIERS EUESQUES DE CHARTRES.

---

[1] Voyez *Notice historique sur saint Piat, apôtre de Tournay*

Cette navette a 10 pouces 6 lignes de hauteur. L'évêque Mille d'Illiers en fit présent à l'église de Chartres le 25 juin 1540.

On y voit aussi une châsse provenant de l'église de Saint-Aignan de Chartres, et dans laquelle étoient conservées, avant les événements de la révolution, plusieurs reliques du saint patron.

Cette châsse dont la forme est celle d'un tabernacle, est en cuivre doré émaillé, et enrichie de figures en demi-relief. Les vantaux de la porte sont décorés extérieurement des figures des douze apôtres, assis et placés sous des arcades en forme de trèfles : sur le haut des deux vantaux, on voit deux mains, dont le sens mystique n'a d'autre signification, que d'indiquer que c'est la main de Dieu qui a dirigé la conduite des apôtres, dans la prédication de l'Evangile. Cette assistance de Dieu est indiquée dans l'Ecriture par sa main : on lit *que la main de Dieu étoit avec le patriarche Joseph*, parce que le Seigneur répandoit sur lui ses bénédictions [1]. Les

---

et martyr, avec les procès-verbaux de son exhumation, par M. Hérisson. Chartres, 1816, chez Hervé, libraire.

[1] Ces *mains célestes* se voient également sur quelques autres monuments du moyen-âge ; telle est celle qui descend d'en haut sur la tête de Charlemagne, dans le monument qui le représente comme *Patrice* des Romains, et celle que, dans deux miniatures représentant Charles-le-Chauve, on voit descendre du ciel, et diriger ses rayons sur la tête de cet empereur. Les bulles de plomb du pape Victor II, montrent une main sortant

deux vantaux sont ornés dans l'intérieur de deux figures placées dans des cadres de forme elliptique : dans l'un, est représenté le Sauveur environné des symboles mystiques des quatre évangélistes, *le Lion*, *le Bœuf*, *l'Aigle* et *l'Ange*, et dans l'autre cadre, la sainte Vierge tenant un sceptre comme reine du ciel, et accompagnée de quatre anges.

Dans le fond de cette châsse se voit une représentation du calvaire de Jésus-Christ. Indépendamment des figures de la Vierge et de saint Jean qui accompagnent souvent le Christ sur la croix, on aperçoit deux autres figures allégoriques représentant les personnages suivans : sur la droite est l'Eglise chrétienne, sous les traits d'une femme couronnée, tenant d'une main une lance à laquelle est attachée une flamme. Cette figure de l'Eglise chrétienne indique que c'est par le sang de Jésus-Christ, qu'elle remporte la victoire sur la Synagogue, représentée sur la gauche par une autre femme ayant un bandeau sur les yeux, tenant d'une main les tables de Moyse, et de l'autre une espèce de lance rompue, à laquelle est attachée une flamme. Cette allégorie présente la confusion de la nation juive à l'aspect du déicide qu'ils commirent sur la personne de Jésus-Christ [1].

---

d'un nuage, et offrant une clef à saint Pierre. Ces *mains* sont un symbole de la protection divine accordée aux princes. Voyez MONTFAUCON, *Monuments de la Monarchie française*, etc., tome 1, page 302. — BULLET, *Dissertations sur différents sujets de l'Histoire de France*, page 11 et suiv.

[1] Cette allégorie fort ancienne, est représentée sur le portail

Cette châsse dont la hauteur est d'environ 2 pieds 8 pouces, fut exécutée en 1271, et donnée à l'église de Saint-Aignan par Pierre de Maincy, 79ᵉ évêque de Chartres, qui fit rebâtir cette église après l'incendie qui réduisit en cendres une partie de la ville.

Une ceinture de 4 pieds 6 pouces de longueur sur quatre doigts de largeur, exécutée en grains de porcelaine, blancs et noirs, bordée de soie de porc-épic rouge. Autour est l'inscription suivante : VIRGINI PARITURÆ, VOTUM HURONUM. Cette ceinture fut envoyée en 1678, par les Hurons, peuples du Canada, qui avoient été convertis à la foi par le père Bouvart, Jésuite, natif de Chartres.

Une autre ceinture de 6 pieds de longueur sur 6 pouces de largeur. Le fond est en grains de porcelaine, couleur violette foncée, au nombre de onze mille, avec cette inscription : VIRGINI MATRI ABNAQUIÆI D. D., en grains blancs. Cette ceinture a été envoyée en 1695, par les *Abnaquis*, peuples sauvages du Canada, près la nouvelle Angleterre, et reçue en septembre 1699.

Tels sont les objets les plus intéressants qui ont échappé à la rapacité des vandales de 1793, et que l'on croit dignes de fixer l'attention des amateurs. Voyez *l'Extrait de l'inventaire* de l'ancien Trésor, cité ci-dessus, page 112, pour la connoissance des re-

méridional de l'église cathédrale de Strasbourg. Voyez GRANDIDIER, *Essais historiques sur l'église de Notre-Dame* de cette ville, page 239.

liques et des objets d'orfévrerie qu'il contenoit avant les événements de la révolution de 1789.

Chapelle de saint Piat.

L'entrée de cette chapelle, située sous le second bas-côté du chœur, près celle dite *des Chevaliers*, est décorée d'un portail de style gothique, dont l'ensemble offre une composition riche et élégante. Au devant est un perron semi-circulaire composé de quatre marches accotées au soubassement des piédroits du portique. La porte pratiquée sous une voussure ogive, est surmontée d'un pignon très délicatement découpé à jour sur un fond divisé par de petites arcades également espacées par des colonnes, dont le couronnement offre une large frise ornée de trèfles. Dans le tympan au-dessus de la porte, sont trois figures représentant la Vierge portant l'enfant Jésus, et deux anges placés à ses côtés; leurs mains ont été fracturées. Sur le piédestal qui forme l'amortissement du pignon, est placée la statue de Jésus-Christ. Les obélisques qui s'élèvent au-dessus des piédroits du portail, sont surmontés de deux anges, dont l'un à droite tient une croix, et l'autre un cornet [1].

La chapelle de saint Piat attenante au chevet de la grande église, fut érigée en 1349, par le Chapitre de Chartres, qui employa à sa construction,

---

[1] Le portail de la chapelle de Saint-Piat est gravé dans les *Monuments français inédits*, publiés par N. X. VILLEMIN.

le produit des offrandes des fidèles. L'évêque Aimeric de Château-Luisant, voulant coopérer à cette œuvre de piété, y fonda à la même époque, douze canonicats, qui furent spécialement affectés aux officiers, clercs, chantres et musiciens de cette église, par la bulle de Martin V, en 1427, et par celle de Paul IV, en 1555, confirmées par arrêts du Parlement [1]. Cette chapelle est construite en pierre, et flanquée de deux grosses tourelles placées dans les angles, et surmontées de cônes couverts d'ardoises. Elle est divisée en deux étages : la partie haute servoit à la célébration du service divin, et celle du rez-de-chaussée aux assemblées capitulaires. Près de cette chapelle, il existoit anciennement une galerie par laquelle les évêques venoient de leur hôtel à l'église. Les bâtiments et les jardins de l'hôtel épiscopal, disposés en amphithéâtre sur le penchant de la colline au bas de laquelle coule la rivière d'Eure, font de ce lieu un séjour agréable, d'où l'on jouit d'une belle vue.

Chapelle de saint Jérôme.

A quelque distance de la chapelle de Saint-Piat, et dans l'enclos du jardin de l'hôtel épiscopal, il existoit autrefois, une petite chapelle dédiée à saint Jérôme : c'étoit celle du cimetière destiné à la sépulture des officiers et des domestiques du Chapitre de la cathédrale. Cette chapelle érigée en 1400, par la

[1] DOUBLET, *Pouillé du Diocèse de Chartres*, 1738, page 2.

piété de François Baudry, chanoine de Chartres, étoit construite en pans de bois revêtus d'une maçonnerie de briques; elle avoit 18 pieds de longueur. Les traits principaux de la vie de saint Jérôme ornoient les vitres de cette chapelle, qui a été démolie à la suite des événements de 1789.

Église souterraine.

Indépendamment de la grande église dont on vient de donner la description, il en existe une autre au-dessous de celle-ci, vulgairement appelée *l'Eglise-sous-Terre*, et dans laquelle on descend par cinq escaliers différens, savoir : le premier est sous le *clocher-vieux*, le second sous le *clocher-neuf*, le troisième a son entrée près du porche septentrional, le quatrième près de la sacristie, et le cinquième à à côté du porche méridional.

Pour avoir une idée complète de l'étendue de cette église souterraine, il faut dire qu'elle est composée de deux longues nefs, pratiquées sous chacun des bas côtés de l'église haute ; les voûtes sont en arête : celle de la chapelle de la Vierge est décorée d'arabesques peintes en grisaille rehaussée d'or. Dans toute la partie qui est située sous le pourtour du chœur, il existe treize chapelles qui étoient toutes décorées avant la révolution, et parmi lesquelles on remarquoit particulièrement celle de la Vierge.

Cette chapelle étoit revêtue de lambris en marbre, et enrichie de peintures et de dorures. On y voyoit aussi un nombre assez considérable d'*ex-voto*, suspendus aux murs, et qui attestoient la confiance des peuples qui venoient y implorer la protection de la Vierge, dans les calamités publiques ou privées. Il y avoit autrefois une très ancienne figure de la Vierge, assise sur une espèce de trône, et tenant sur ses genoux, Jésus-Christ enfant, dont la main droite étoit élevée, et l'autre tenoit un globe. Ce monument, l'un des objets de la piété des fidèles, avoit 28 pouces 6 lignes de hauteur sur un pied de largeur; il a été détruit en 1793.

C'est à cette chapelle de la Vierge, que, de temps immémorial, une foule de personnes pieuses venoient de toutes parts en pélerinage y faire leurs dévotions. Près de l'autel, il existoit un ancien puits (aujourd'hui comblé), vulgairement appelé le *Puits-des Saints-Forts*, en mémoire du fait suivant : Pendant la domination romaine, Quirinus, gouverneur de la ville de Chartres, pour l'empereur Claude, et grand persécuteur des chrétiens, après en avoir fait passer plusieurs au fil de l'épée, ordonna que leurs corps seroient jetés dans ce puits [1].

Outre les deux nefs et les chapelles dont il vient d'être parlé, et qu'on nomme les *Cryptes* et *Saints-Lieux-Souterrains*, il existe sous les bas-côtés de la croisée de l'église haute, quatre caves voûtées où l'on descend par des escaliers pratiqués à côté des portiques latéraux du midi et du septentrion.

---

[1] ROULLIARD, *Histoire de l'Eglise de Chartres*, première partie, page 117.

Plan du Grand Caveau situé sous le Sanctuaire de l'Église
Cathédrale de Chartres

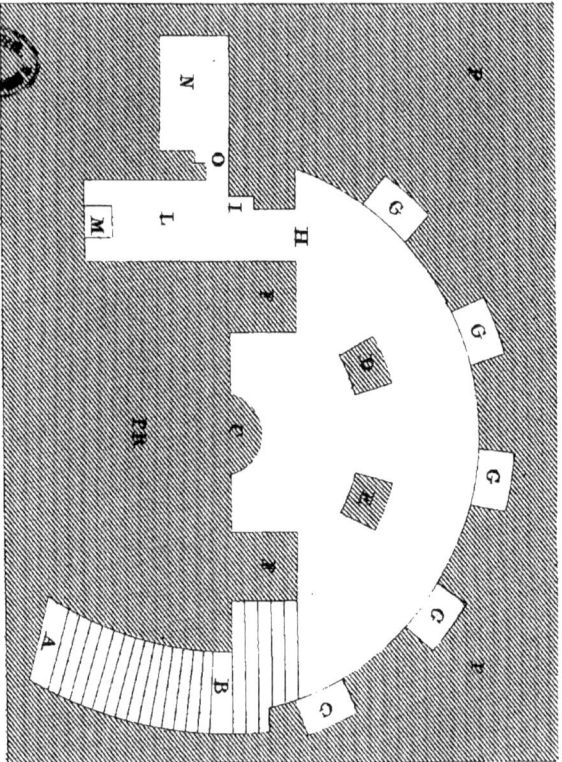

Échelle de Sept Toises

Sous le sanctuaire est un grand caveau où l'on arrive par un escalier au milieu duquel est une porte de fer. On ne peut pénétrer dans cet escalier que par le moyen d'une pierre à tiroir recouverte de marbre et formant l'une des marches du sanctuaire. C'est dans ce lieu, peu connu, que l'on cachoit les reliques et les richesses de l'église, dans les dangers pressants.

Ce grand caveau présente dans son ensemble les distributions suivantes indiquées dans le plan ci-joint :

A. Ouverture par laquelle on descend dans le caveau : elle a 4 ou 5 pieds de profondeur, sans aucuns degrés ; le fond sert de palier à un escalier de vingt marches en pierre de taille.

B. Porte de fer placée un peu plus bas que le milieu de l'escalier.

C. D. E. Piliers qui soutiennent la voûte du caveau, élevée d'environ 15 pieds au-dessus du sol.

F. F. Massifs ou avant-corps en maçonnerie, servant de points d'appuis à la voûte.

G. Cinq niches ou petits caveaux pratiqués dans l'épaisseur et les fondements des piliers du rond-point du chœur, et dont on pouvoit murer l'entrée en cas de nécessité urgente.

H. Passage qui conduit dans un autre caveau de plein-pied avec ce dernier, dont la largeur est de 8 pieds en carré.

I. Porte de fer qui en ferme l'entrée, et au-devant de laquelle on établissoit au besoin, un corps de maçonnerie jusqu'à l'arasement du grand caveau semi-circulaire.

L. Caveau dans lequel est un cul-de-basse-fosse, de 8 pieds en carré, et de 7 pieds de hauteur sous voûte. On y voit une espèce de socle ou cube de pierre taillé dans le roc.

M. Entrée de la basse fosse que l'on ferme avec une forte dalle de pierre, recouverte de terre. C'est dans ce réduit que l'on cachoit la *sainte Châsse*, pour la soustraire au pillage dans les temps de guerre et de troubles.

N. Autre caveau auquel on monte par une marche. Le mur du fond de ce caveau correspond vis-à-vis la porte de la sacristie de l'église souterraine, dont le terrain est plus élevé d'environ 2 pieds, que celui du caveau.

O. Entrée de ce caveau, qui se ferme aussi avec une porte de fer, au devant de laquelle on construisoit un corps de maçonnerie d'environ 2 pieds, pour en dérober la connaissance.

P. Terre-plein dans lequel on a pratiqué ces excavations qui sont parementées d'assises régulières en pierre.

R. Autre terre-plein situé sous le sanctuaire de l'église haute [1].

---

[1] *Extrait du Catalogue* ou *Inventaire des Reliques de l'Eglise cathédrale de Chartres*, 1682, in-8°, manuscrit du cabinet de M. Hérisson, avocat et bibliothécaire de cette ville, qui prépare depuis plusieurs années une nouvelle *Histoire de l'Eglise de Chartres*.

Enfin, sous le bas-côté du chœur, à gauche, se voit encore un autre caveau, dans lequel est un cul-de-basse-fosse, puis un autre où se trouve une grande cuve de pierre en forme de saloir, dans laquelle on pouvoit conserver des viandes : près de ce lieu, il existe un caveau appelé le *Chenil*, où l'on renfermoit pendant le jour les chiens destinés à la garde de l'église.

Dans le bas-côté droit de l'église souterraine, on voit une ancienne cuve en pierre, enrichie d'ornements, qui a servi originairement de fonts-baptismaux, à l'époque où l'on administroit le baptême par immersion. Sa forme et le style de la sculpture ne remontent pas au-delà du onzième siècle.

Cette église souterraine et les différentes distributions qui en font partie, ont été construites, comme je l'ai déjà dit, vers le commencement du onzième siècle, par l'évêque Fulbert, en mémoire du culte que les Druides y avoient, dit-on, établi (dans une grotte) en l'honneur de la Vierge qui devoit enfanter, *Virgini pariturœ*, et c'est sur l'emplacement de cette grotte que la chapelle de la Vierge a été bâtie, suivant la tradition.

L'église haute et l'église souterraine ne contiennent aucune sépulture; il n'existe ni tombeaux, ni cénotaphes, ni inscriptions, qui rappellent le souvenir de quelques personnages recommandables, par leurs vertus ou par leurs talents, et dont l'aspect fait naître dans l'ame, ces émotions mélancoliques qui, pour l'homme sensible, ont tant d'intérêt et tant de charmes.

Le Chapitre de Chartres, par respect et par vénération pour la mère du Sauveur, dont il a toujours honoré la mémoire d'un culte particulier, avoit maintenu depuis un temps immémorial, l'usage de n'y permettre aucune sépulture. En 1568, le baron de Bourdeilles, colonel des Gascons, ayant été tué sur la brèche en défendant la ville de Chartres, contre l'armée Calviniste, les chanoines de la cathédrale refusèrent de lui donner la sépulture dans leur église: il fallut un ordre du Roi, pour les y contraindre, mais ce fut sous condition expresse que la terre ne seroit point ouverte, que le cercueil posé sur un gril de fer ne toucheroit point le pavé, et devroit être recouvert et encastré sous une tombe plate sans inscription. Ce cercueil étoit placé près de la porte latérale du chœur du côté du septentrion d'après le témoignage de Roulliard [1], qui ajoute que l'on croyoit de son temps que le corps n'y resta pas long-temps [2].

[1] *Parthénie* ou *Histoire de l'Eglise de Chartres*, première partie, page 162.

[2] Pour motiver sa disparition, les chanoines de la cathédrale imaginèrent un conte absurde, en persuadant au peuple que la Vierge ne voulant pas souffrir cette inhumation, permit au cadavre de faire paroître ses bras hors du tombeau, pour demander une autre sépulture; et cette opinion s'accrédita à cette époque dans l'esprit du peuple. Ce tombeau fut transféré dans un autre lieu en 1661. DOYEN, *Histoire de Chartres*, tome II, pages 73 et 74.

Que sont devenues les riches tapisseries qui, selon André Félibien[1], avoient été tissées dans les meilleures manufactures de Flandre d'après les dessins que fit Raphaël, pour l'ornement des loges du Vatican? Ces tapisseries représentant plusieurs traits de l'Ancien-Testament, étoient, selon lui, admirablement exécutées, et ornées de riches bordures; les laines en étoient très fines et relevées de soie. Elles avoient été données par Nicolas de Thou, évêque de Chartres.

Avant l'invention de l'imprimerie, les bréviaires étoient extrêmement chers. Il y en avoit de publics pour les prêtres qui ne pouvoient s'en procurer. Ces bréviaires étoient écrits en gros caractères sur parchemin, et enfermés dans des cages de fer, grillées, au travers desquelles on pouvoit seulement passer la main, pour tourner les feuillets; et, à des heures fixes, plusieurs prêtres le récitoient à la fois. Ces cages étoient attachées à des piliers dans les églises cathédrales et collégiales. Roulliard parle de ces armoires *treillissées de balustres* que l'on voyoit dans l'église de Chartres.

Le goût que l'on avoit pour l'art musical au neuvième siècle, se fortifia dans le dixième, et fit des progrès dans les siècles suivants. Aussitôt que la méthode de noter la musique (inventée par Guy d'A-

[1] *Entretiens sur les Vies et les Ouvrages des plus excellents Peintres anciens et modernes*, etc., édit. de 1725, tome I, pages 324 et 325.

rezzo), fut connue et adoptée en France; ses progrès
en devinrent plus sensibles. Robert, soixante-troi-
sième évêque de Chartres, introduisit en 1148, les
chants en musique dans son église [1]. Par les frag-
mens qui nous en restent, on peut conclure que la
musique de ce temps, n'étoit qu'un plain-chant dont
on chercha à bannir la monotonie par des accompa-
gnements à la tierce, les seuls qui fussent alors
connus en France. Le goût de la musique s'est toujours soutenu dans l'église de Chartres, jusqu'à l'é-
poque de la Révolution, où le Chapitre avoit alors
l'un des corps de musique les plus distingués du
royaume, tant par le choix des musiciens que par
celui du maître de chapelle, M. Desvignes, actuellement attaché en cette qualité à l'église métropolitaine de Paris.

Conformément au concordat conclu entre le gouvernement français et la Cour de Rome en 1817, la
ville de Chartres, l'une des plus anciennes cités des
Gaules, qui ait reçu la lumière de l'évangile, a été
comprise dans le nombre des sièges qui ont été ré-
tablis. Monseigneur Jean-Baptiste-Marie-Anne-An-
toine de Latil, actuellement archevêque de Reims,
sacré évêque *in partibus* d'Amyclée le 6 avril 1816,
fut nommé par le feu roi Louis XVIII à l'évêché de
Chartres dont il prit possession le 8 juillet 1821.

Le jour de son installation, ce prélat se rendit de

---

[1] ROULLIARD, *Histoire de l'Eglise de Chartres*, première
partie, page 155.

Vert à Chartres près de la porte saint Michel, où l'on avoit construit un petit pavillon, dans lequel il se revêtit de ses habits pontificaux [1]. Le clergé et les autorités locales de la ville, vinrent recevoir l'évêque de Chartres, et le conduisirent à la cathédrale par les rues Saint-Michel, des Grenets et des Changes. Arrivé à la porte principale de l'église, le prélat fut reçu et complimenté par M. Challe, curé de Notre-Dame, qui prononça un discours sur sa prise de possession, et la longue viduité de l'église de Chartres. Il fut ensuite conduit au chœur au chant du *Te Deum*, pendant lequel se fit son intronisation dans la forme prescrite par le cérémonial usité. A l'issue du *Te Deum*, Monseigneur l'évêque de Chartres célébra une messe basse, et fut ensuite reconduit aux sons de l'orgue, par le clergé et les autorités jusqu'en dehors de l'église. Il se rendit au séminaire où l'on lui avoit préparé un logement, en attendant que l'administration départementale eut évacué le palais épiscopal, dont ce prélat n'entra en possession qu'à Pâques de l'année 1823. C'est aujourd'hui Monseigneur Clausel de Montals, premier aumônier de Madame la Dauphine, qui occupe dignement le siège de Chartres.

Telles sont les particularités les plus intéressantes que nous avons pu recueillir sur ce temple célèbre, qui a résisté aux ravages des temps pendant l'espace

---

[1] Voyez *Relation de l'Entrée des Evéques de Chartres, avec des Remarques historiques*, par JANVIER DE FLAINVILLE; 1780.

9

de sept à huit siècles. Sa conservation est due au zèle et à la sollicitude d'une longue suite d'évêques, de chanoines, et spécialement à une réunion de citoyens de cette ville, qui après la tourmente revolutionnaire, ont entrepris de le faire restaurer : On doit distinguer parmi eux, MM. *Masson*, *Dauphinot*. *Barrier*, *Du Temple*, *Rougemont*, *Legault*, *Dabit*, *Lesage*, *Montéage*, *Lafoi*, *Duchesne*, etc. Encouragés et secourus par les administrations alors en exercice, aidés par les dons volontaires d'un grand nombre d'habitants aisés, et par les travaux manuels d'une foule d'artisans, dont plusieurs, quoique peu fortunés, ont fourni des journées gratuites, ces estimables citoyens sont parvenus à remettre ce beau monument, digne de l'admiration de tous les siècles, dans l'état où nous le voyons aujourd'hui [1].

---

[1] La bibliothèque publique de Chartres possède deux grands dessins représentant les deux clochers de cette église, dont les détails intéressants sont rendus avec beaucoup de soin et d'exactitude. On y voit également deux grands plans de ce temple, dont l'un est celui de l'église haute, et l'autre présente toutes les distributions de l'église souterraine. La vue perspective de l'extérieur de cet édifice, placée en tête de cette description, a été exécutée avec l'exactitude la plus scrupuleuse.

MM. Bouton et Daguerre, peintres et créateurs du DIORAMA, ont offert en 1823, aux regards des amateurs, dans leur bel établissement, une vue intérieure de l'église cathédrale de Chartres, prise de l'une des chapelles du rond-point du chœur, qui réunit au charme de l'illusion la plus parfaite, l'effet le plus pittoresque auquel ce genre d'architecture paroît principale-

Cependant malgré les réparations qui ont été opérées par le zèle et la bienveillance des habitants de Chartres, cet édifice qui étoit autrefois entretenu avec tant de soin sous les auspices de l'ancien Chapitre, a beaucoup souffert depuis plus de vingt ans, et son état actuel exige une restauration générale extrêmement urgente, si l'on veut conserver un monument aussi imposant que ceux des Grecs et des Romains, dont nous entourons les ruines d'un respect religieux. D'après un aperçu total, on assure qu'il ne faudra pas moins de cent mille francs pour l'exécution des travaux qu'il convient d'y faire. Cette somme peut se répartir sur plusieurs années, et c'est un objet trop intéressant, pour que l'administration n'y porte pas toute son attention et tous ses soins.

Lorsqu'on voit tous les votes émis par les conseils généraux des départements, toutes les mesures prises par les autorités, pour les entreprises de cette nature, on reconnoit évidemment que la France est bien la patrie des beaux-arts.

---

ment propre. Enfin c'est faire l'éloge de ce superbe tableau, en ajoutant que l'imitation est si vraie et si complète, que l'on se croit transporté, par un pouvoir magique, dans l'intérieur de l'église de Chartres.

FIN.

ERRATA.

Page 8, ligne 5, eil, *lisez* ciel.
Page 35, ligne 4, à la note, étoit divisé, *lisez* est.
Page 53, ligne 24, au-dessous, *lisez* au-dessus.
Page 59, ligne 21, ogives sur deux rangs, *lisez* soutenues sur deux rangs.
Page 102, ligne 9, gures, *lisez* figures.

www.ingramcontent.com/pod-product-compliance
Lightning Source LLC
Chambersburg PA
CBHW072059090426
42739CB00012B/2812